*Collection "Leurs amours"*

ANDRÉ ANTOINE

*La vie amoureuse de François-Joseph Talma*

LOUIS BARTHOU, *de l'Académie française.*

*La vie amoureuse de Richard Wagner*

ANDRÉ BEAUNIER

*La vie amoureuse de Julie de Lespinasse*

LOUIS BERTRAND, *de l'Académie française.*

*La vie amoureuse de Louis XIV.*

LUCIEN DESCAVES, *de l'Académie Goncourt.*

*La vie amoureuse de Marceline Desbordes-Valmore*

MAURICE DONNAY, *de l'Académie française.*

*La vie amoureuse d'Alfred de Musset*

CLAUDE FARRÈRE

*Une aventure amoureuse de Monsieur de Tourville*

GÉRARD D'HOUVILLE

*La vie amoureuse de l'Impératrice Joséphine*

MAURICE MAGRE

*La vie amoureuse de Messaline*

MAURICE ROSTAND

*La vie amoureuse de Casanova*

CÉCILE SOREL, *de la Comédie-Française.*

*La vie amoureuse d'Adrienne Lecouvreur*

MARCELLE TINAYRE

*La vie amoureuse de Madame de Pompadour*

*La vie amoureuse*

*d'Alfred de Musset*

8° Ln27
61844

*Il a été tiré de cet ouvrage :*
*Cent exemplaires sur papier de Hollande,*
*numérotés de 1 à 100,*
*Deux cents exemplaires sur papier vergé pur fil Lafuma,*
*numérotés de 101 à 300*
*et douze exemplaires sur papier rose,*
*non numérotés,*
*imprimés spécialement pour l'auteur.*

Collection " Leurs amours "


Maurice Donnay

de l'Académie française.


# La vie amoureuse d'Alfred de Musset


Ernest Flammarion, éditeur

Droits de traduction, de reproduction et d'adaptation
réservés pour tous les pays.
Copyright 1926,
by ERNEST FLAMMARION.

# *La vie amoureuse d'Alfred de Musset*

## I

Il y aura bientôt un siècle, au mois de janvier 1830, il se produisit dans la littérature romantique un événement extraordinaire : un jeune homme de vingt ans, Alfred de Musset, publiait son premier volume de vers. Publier à vingt ans un recueil dans lequel se trouvaient *Don Paez, Les Marrons du feu, Portia* et les *Chansons*, on se rend bien compte que c'était quelque chose de prodigieux. Pour moi, quand il m'arrive d'assister à quelque réunion d'étudiants, en voyant ces jeunes têtes brunes ou blondes, « ces cavaliers sans barbe et sans moustache encore », comme dit don Carlos en parlant d'Hernani, ces adolescents, par leurs traits et la lumière de leurs yeux, si près encore de l'enfance, si je songe qu'à leur âge Alfred de Musset avait écrit les *Contes d'Espagne et d'Italie*, je continue de trouver cela merveilleux.

En outre, le volume paraissait en 1830, exactement. Certes le romantisme a toujours existé et bien avant Jean-Jacques Rousseau, il y eut des esprits, des cœurs, des âmes romanesques, romantiques ; mais pour le romantisme, 1830 est le millésime établi, et « mil huit cent trente » une manière d'épithète qu'on applique à tout un art, toute une littérature, à certaines modes, à certaines mœurs. On dira qu'Alfred de Musset lui-même n'en savait rien, qu'il ne l'a pas fait exprès. J'entends bien et si j'admire que ces Contes d'Espagne et d'Italie aient paru précisément en 1830, je tombe à peu près dans la même naïveté où tombait cet auteur d'un drame dont l'action se déroulait sous le règne d'un des premiers Capétiens et qui mettait dans la bouche d'un de ses personnages cette vantardise anachronique : « Nous autres, gens du moyen âge ! »

Dès ses débuts, Alfred de Musset se révélait comme un poète de l'amour :

Heureux un amoureux ! Il ne s'inquiète pas
Si c'est pluie ou gravier dont s'attarde son pas.
On en rit ; c'est hasard s'il n'a heurté personne ;
Mais sa folie au front lui met une couronne,
A l'épaule une pourpre et, devant son chemin,
La flûte et les flambeaux, comme un jeune Romain.

Tous les amoureux, tous les amants, pour ce poète de vingt ans, sont des frères :

> Que Dieu soit avec toi, frère, si c'est l'amour
> Qui t'a dans l'ombre ainsi fait devancer le jour.

Après une folle nuit et quand le blanc matin fait grisonner l'ombre, don Paez s'arrache aux bras de Juana d'Orvedo, Andalouse et comtesse, pour s'en aller, tout imprégné de l'odeur et des serments de sa maîtresse, monter la garde sur les arsenaux. Juana, heureusement pour nous, a les mêmes ardentes bontés pour don Etur de Guadassé, « le dragon jaune et bleu qui dormait dans du foin ». Heureusement, dis-je, car cela nous vaut le duel furieux entre les deux cavaliers ; puis la scène chez Belisa la sorcière, enfin l'étreinte suprême qui se dénoue dans la mort. Et n'est-ce pas dans *Don Paez* qu'on rencontre le vers fameux qui pourrait servir d'épigraphe à toute l'œuvre de Musset?

> Amour, fléau du monde, exécrable folie!

Poèmes d'amour, chansons d'amour. « Les bonnes gens n'y virent que la *Ballade à la Lune!* Tous ceux qui avaient un cœur capable de passion relurent *Portia* et palpitèrent. » (Sainte-Beuve).

Et, dans *Portia,* l'apostrophe aux vieillards : — O vieillards décrépits, têtes chauves et nues ! — « dérision dure qui les traîne devant nous par les cheveux », ravissait l'auteur de *Volupté.*

Un poète de l'amour : une grand'tante chanoinesse ne s'y trompa point et le déshérita. Jamais on n'était entré dans la littérature avec plus de jeunesse et d'impertinence ; jamais on n'avait gravi « les pentes de l'Hélicon » avec plus de fougue et de légèreté. Quelle grâce aisée et quelle flamme ! Tantôt le poète tient sa lyre comme une guitare, pour donner des sérénades et des aubades :

Assez dormir, ma belle,
Ta cavale isabelle
Hennit sous tes balcons.

Tantôt il promène sur les cordes d'or des doigts enfiévrés ; de l'instrument sacré que les dieux ont mis entre ses mains, il tire tour à tour d'agressifs pizicatti, des arpèges furieux, de frémissants accords et des chants harmonieux. Et quelle connaissance prématurée de la passion humaine ! Il y a, dans ces premières poésies, des notations bien précoces sur le sentiment torturant de la jalousie : jalousie de Don Paez, de la Camargo, du vieux Luigi ; ces premiers vers contiennent en puissance le don de la souffrance et des larmes. « Mes pre-

miers vers sont d'un enfant », dira-t-il plus tard ; un enfant qui avait de surprenantes intuitions.

Il avait été élevé dans sa famille peu mondaine, tranquille, entre d'excellents parents. Après de très bonnes classes au Lycée Henri IV (second prix au concours général avec une dissertation latine « sur l'origine de nos sentiments »), il avait étudié le droit, pas longtemps, ensuite la médecine ; mais la première fois qu'il s'était trouvé devant un cadavre à disséquer, il s'était évanoui, puis enfui à toutes jambes. Il avait voulu être peintre, il montrait pour le dessin et la peinture de véritables dispositions ; mais son père, que ces vocations successives alarmaient, désirait que son fils eût un emploi sérieux, qui nourrît son homme, et Alfred de Musset était entré comme expéditionnaire chez un entrepreneur de chauffage, autant dire un fumiste. Sa véritable vocation était la poésie. Encore enfant, il s'était lié avec Paul Foucher qui avait amené chez Victor Hugo, le beau-frère déjà illustre, son jeune ami, « gentil garçon de douze ans, aux cheveux d'un blond de lin, au regard ferme et clair, aux narines dilatées, aux lèvres vermillonnantes ». Tout jeune, il eut ses entrées au Cénacle. Là il connut Alfred de Vigny, Émile et Antony Deschamps, Prosper Mérimée, Sainte-Beuve. Au Cénacle, à l'Arsenal où Charles Nodier était bibliothécaire, chez Émile Deschamps, chez Achille Deveria, il avait récité ses premières poésies.

Puis les *Contes d'Espagne et d'Italie* avaient paru. Ils s'ouvrent, ces Contes, sur une désillusion : le poète dédie quelques vers à une M^me^ B... dont il semble avoir eu à se plaindre :

> Quand je t'aimais, pour toi j'aurais donné ma vie :
> Mais c'est toi, de t'aimer, toi qui m'ôtas l'envie.
> A tes pièges d'un jour, on ne me prendra plus.

Cette petite pièce fut écrite en 1828. Dans les vers à M^me^ la Marquise, il parle de son âme froissée « qui saigne encor d'un mal bien grand » :

> Car sais-tu, seulement pour vivre,
> Combien il m'a fallu pleurer?
> . . . . . . . . . . . . . .
> Donne-moi, ma belle maîtresse,
> Un beau baiser, car je te veux
> Raconter ma longue détresse,
> Avec ma main dans tes cheveux.

Ame froissée, longue détresse! A vingt ans quelle expérience avait-il donc de l'amour, ce blondin? Dans la *Biographie*, Paul de Musset, biographe fraternel et un peu brodeur, nous dit qu'à quatre ans, Alfred avait eu un amour très sérieux pour une jeune fille qui était sa cousine et se nommait Clélie. Quand elle se maria, on cacha au petit garçon cet événement ; on craignait un trop violent désespoir.

A dix-sept ans, du château de Cogners où il est venu passer ses vacances chez le chef de la famille, le vieux marquis de Musset-Pathay, le jeune Musset écrit à son ami Paul Foucher :

« Je ne suis point amoureux, je ne fais rien... je donnerais ma vie pour deux sous. » Mais cet état d'âme est celui de tous les adolescents qui, pour la plupart, deviendront des citoyens modérés, des hommes moyens et ramèneront l'amour à des proportions hygiéniques, conjugales. Musset, lui, a persévéré. « Qu'il arrive une jolie femme, j'oublierai tout le système amassé pendant un mois de misanthropie. Qu'elle me fasse les yeux en coulisse, et je l'adorerai pendant — au moins pendant six mois... Comment me laisse-t-on ici si longtemps ! J'ai besoin d'un joli pied et d'une taille fine ; j'ai besoin d'aimer ! — j'aimerais ma cousine qui est vieille et laide, si elle n'était pas pédante et économe ». Vieille et laide suffisent, et l'on songe à Chérubin quand il parle de Marceline : « C'est une fille, c'est une femme. Une fille, une femme, ah ! que ces mots sont doux ! »

Et dans une autre lettre au même Paul Foucher :

« Je ne suis pas amoureux, j'en suis à dix mille

lieues, mais je le sens, je suis fait pour l'être... La poésie chez moi est sœur de l'amour, l'une fait naître l'autre et les deux viennent ensemble. » Il ne se trompe pas : il sera toujours ainsi ; vraiment, il a l'air de se tirer la bonne aventure.

Vers sa dix-septième année, il tomba amoureux d'une jeune dame, jolie, spirituelle, coquette, et, pour atteindre à la perfection, en ces années 1830, poitrinaire. Le jeune poète traversait à pied la plaine Saint-Denis pour se rendre à des rendez-vous platoniques. A pied, la plaine Saint-Denis ! mais dix-sept ans, une femme mariée, une femme du monde ! Léandre, le nocturne nageur, allant rejoindre à grandes brassées Hero qui l'attendait sur la tour solitaire n'était pas plus exemplaire. Mais Léandre n'avait pas de rival. Alfred de Musset découvrit qu'il en avait un, qu'on se moquait de lui et qu'il jouait un rôle de chandelier.

Ce fut vraisemblablement sa première peine. Elle ne fut pas perdue. Quelques années plus tard, de ce vilain procédé il fit une de ses plus jolies comédies. Élégante vengeance de poète ; il châtie en s'émouvant, il fustige avec une gerbe de fleurs rares, des phrases admirables, une aimable chanson :

Si vous croyez que je vais dire
Qui j'ose aimer,
Je ne saurais pour un empire
Vous la nommer.

La postérité, elle non plus, ne saurait nommer la méchante dame poitrinaire. Est-ce cette M^me B... à qui Musset dédiait les premiers vers de son premier volume de poésies? Qu'importe! Pour nous, la personne de la plaine Saint-Denis, c'est la Jacqueline du *Chandelier,* une de ses plus séduisantes figures de femmes dans son théâtre si séduisant.

Soirées dansantes à l'Arsenal, chez Achille Deveria, chez Alfred de Vigny. Le jeune Musset « dansait au galop », valsait avec une grâce emportée. Il aimait le commerce innocent des jeunes filles. Les demi-vierges n'étaient pas encore inventées ; du moins, elles ne formaient pas encore une classe. Une de ses valseuses était Marie Nodier, une jeune fille brune, aux beaux yeux noirs, poète, musicienne, et qui chantait d'une jolie voix. Elle avait la propriété d'attirer les sonnets, comme l'ambre attire les corps légers. C'est pour elle que Félix Arvers a composé le célèbre sonnet :

> Mon âme a son secret, ma vie a son mystère.

Alfred de Musset valsait et Sainte-Beuve le voyant valser, après un bal lui envoyait ces vers :

> Moi, je valsais aussi ce soir-là, bienheureux,
> Entourant ma beauté de mon bras amoureux,
> Sa main sur mon épaule, et dans ma main sa taille;
> Ses beaux seins suspendus à mon cœur qui tressaille.

Ah ! Joseph Delorme pouvait admirer les Contes d'Espagne et prendre des leçons !

Sainte-Beuve était un ami; mais Gustave Planche était un envieux. Alfred de Musset valsait et Planche qui ne valsait pas surveillait. Il s'avisa de dire un soir que, du coin où il était assis, il avait vu le valseur infatigable déposer un baiser furtif sur l'épaule d'une de ses valseuses. (M^lle^ Champollion? M^lle^ Hermine Dubois?) Cela fit toute une histoire : la jeune fille refusa au jeune Musset la prochaine valse ; le jeune Musset demanda des explications. On remonta jusqu'à la source du méchant propos. Planche fut obligé d'avouer qu'il en était l'auteur. Le père de la jeune fille attendit le calomniateur « à la sortie » et lui administra une volée de coups de canne.

Et si, à un bal costumé chez Achille Deveria, Alfred apparaissait dans un ravissant costume de page du temps de Charles VI, comme il devait plaire à toutes ces jeunes filles, Marie Nodier, Hermine Dubois, M^lle^ Champollion et tant d'autres. Plus tard, mariées, mères de famille, c'est ainsi qu'elles le verront dans leur souvenir.

Mais, ce tout jeune Musset, je l'évoque plutôt qui, le cœur gonflé d'espoir, traverse une plaine désolée. Ses pas pressés et cadencés le portent vers le logis d'une jeune femme poitrinaire. En enten-

dant sonner à la porte, elle a caché le beau capitaine Clavaroche dans une armoire. Elle a une robe bouffante, des manches à gigot, une haute coiffure; et, dans cette chandelière aventure, elle ne se doute pas que sa victime, c'est le charmant Fortunio.

a
m
m
c
je
re
le

l'
en
au
fe
co
to
fa
re

## II

On imagine que les *Contes d'Espagne et d'Italie* attirèrent vers le jeune poète bien des curiosités féminines. C'est alors, dit le frère Paul, qu'il commença d'acquérir de l'expérience. « On ne me croirait pas, — écrit-il dans la *Biographie,* — si je disais quelles satisfactions d'amour-propre vinrent au-devant de lui et jusqu'où il fut mené par le tourbillon du succès. »

Mais si, Paul, on vous croit aisément. Poète de l'amour, nourrisson des Muses, filleul des Grâces, enfant prodige, enfant de volupté, beauté, jeunesse, auréole de la gloire et de la poésie, comment les femmes n'auraient-elles pas été attirées ? Alouettes communes, alouettes de joie, alouettes du monde, toutes étaient prises au miroir. Succès faciles, trop faciles : on ne lui laissait pas le temps de désirer.

Sa beauté, les contemporains l'ont décrite ; elle les avait frappés. A Sainte-Beuve, dans le Cénacle intime de Victor-Hugo, il apparaît « avec un front mâle et fier, la joue en fleur et qui gardait encore les roses de l'enfance, la narine enflée du souffle du désir ; il s'avançait le talon sonnant et l'œil au ciel, comme assuré de sa conquête et tout plein de l'orgueil de la vie; nul, au premier aspect, ne donnait mieux l'idée du génie adolescent. »

Lamartine le dépeint comme « un beau jeune homme aux cheveux huilés et flottants sur le cou, au front distrait plutôt que pensif ; des yeux rêveurs plutôt qu'éclatants (deux étoiles plutôt que deux flammes), une bouche très fine indécise entre le sourire et la tristesse, une taille élevée et souple ».

Sa mise était très élégante. On nous le représente coiffé d'un vaste chapeau de très haute forme, bien enfoncé sur la tête et bien penché sur l'oreille, mode apportée par le major Frazer ; autour du cou une cravate haute ne laissant voir qu'un liseré de linge blanc. Il porte des pantalons collants de couleur claire; Juste Ollivier, chez Alfred de Vigny, l'a vu avec un pantalon bleu-ciel ! Des bottes vernies à bout carré; l'habit ou la redingote est de couleur sombre : vert de vessie, bleu de Prusse, ponceau, fumée d'incendie, poussière de ruines. Habit ou redingote élargit la poitrine et les épaules, forme la jupe, pince la taille, et le col de velours descend jusqu'à la ceinture. Ne sourions pas. Attachons au costume de Musset la même importance que ce jeune poète y attache lui-même; la mode est une maîtresse exigeante et elle était une de ses maîtresses. C'était un jeune homme à la mode ; on le voyait aux Tuileries, sur le boulevard de Gand ; il dînait au Café de Paris et prenait des glaces chez Tortoni. Il avait pour amis des jeunes gens fortunés : Alfred Tattet, Ulric Guttinger, Roger de Beauvoir, le prince Belgiojoso, le major Frazer. Dans un livre très documenté, M. Jacques Boulenger, d'une plume alerte et compétente, nous a dit quelle était la vie des Dandys sous Louis-Philippe (1). Musset était dandy autant qu'on peut l'être quand on n'a pas le sou. Ce n'est pas lui qui aurait pu, comme le comte Horace de Viel-Castel, parier de manger à lui seul au Café de Paris un dîner de cinq cents francs, cinq mille francs (facilement) de notre monnaie inflatoire et fiduciaire. Dandy, mais si loin de l'archétype, du Beau, du Buck, de l'inimitable, de l'imperturbable Georges Brummel lequel, alors à son déclin, exilé à Calais, vivait de quelque argent que lui envoyaient ses amis de Londres; de Brummel qui, dans ses beaux jours,

(1) Jacques Boulanger, *Sous Louis-Philippe les Dandys*. Paris, 1907.

cornette au 10e hussards, avait, comme on le sait, blagué son ami et colonel, le gros prince de Galles, le futur George IV. Engraisser, laisser envahir son corps par les cellules les moins nobles, quelle vulgarité ! quel manque de quant-à-soi ! Rencontrant un soir chez des amis le prince avec qui il avait dîné la veille, et feignant de ne le pas reconnaître, Brummel avait demandé : « quel est ce gros homme? » Musset, lui, n'aurait pas blagué les princes qui, au Lycée Henri IV, avaient été ses condisciples. S'il était invité à un bal du Duc d'Orléans, il ne prenait pas des airs dédaigneux et si Chartres lui montrait ses caricatures, il y trouvait du talent. Dandysme, anglomanie; dans ce monde fashionable, on monte beaucoup à cheval. Armand Carrel confiait au docteur Véron que les républicains ne lui pardonnaient pas de monter à cheval et d'avoir un cheval gris; et Adolphe Thiers (il avait alors vingt-trois ans), voulait être un cavalier accompli et son coursier, arabe, s'appelait Ibrahim. Il pouvait arriver à Musset de monter de temps en temps quelque fine bête, prêtée par son ami Alfred Tattet qui avait de la fortune, tenait table ouverte et possédait une écurie. Devant le perron de Tortoni, descendre de *son* cheval dont on accroche la bride à un arbre du boulevard est une chose ; galoper au Bois un cheval prêté ou loué est une autre chose. Il

y a un dandysme à cheval et un dandysme à pied : disons que Musset était un dandy à pied.

Si nous voulons mieux connaître Musset, à cette époque de sa vie, relisons *les Deux Maîtresses* où il s'est dépeint sous les traits de Valentin.

« Par un caprice du hasard, Valentin était né avec des goûts que peut avoir le fils d'un grand seigneur... Au collège, il ne se lia qu'avec des enfants plus riches que lui, non par orgueil mais par goût. A peine eut-il sa liberté qu'il se jeta dans les travers d'un fils de famille. L'idée qu'il était pauvre ne lui venait pas et il ne semblait pas s'en douter. Le monde le lui fit comprendre. Le nom qu'il portait lui permettait de traiter en égaux des jeunes gens qui avaient sur lui l'avantage de la fortune... mais quand ses amis le quittaient pour monter à cheval, force lui était de rester à pied, seul et un peu désappointé... Son tailleur lui faisait crédit ; mais à quoi sert l'habit, lorsque la poche est vide? »

Dès l'enfance, un goût passionné pour l'or et le soleil, toujours cherchant les extrêmes. S'il avait quelque argent, il le jetait par les fenêtres ; le lendemain, il dînait à 40 sous ; peu de fortune et un grand amour du plaisir. Comme Valentin, Alfred de Musset avait une profonde affection pour sa mère. « Qui aime sa mère n'est jamais méchant ».

Comme Valentin, il demeurait dans sa famille.

Un soir d'automne, dans les premiers jours d'octobre 1831, il est soucieux; il dit à son frère Paul :

« Dans deux mois, à pareil jour, j'aurai vingt et un ans, c'est un grand jour : il faut que je devienne un homme. »

Comme c'est gentil, vraiment, et comme c'est peu dandy ! Il faut que je devienne un homme ! Ainsi un petit garçon, à la veille du jour qu'il aura sept ans et parce que ses parents lui ont dit que c'est l'âge de raison, un bon petit garçon prend la résolution de devenir raisonnable, comme ça, du jour au lendemain ; charmant Musset qui a marqué sur son calendrier un jour fixe pour passer de la puberté à la virilité morale et sociale. Donc, il prend la résolution de devenir un homme ; mais il lui manque quelque chose : est-ce un grand amour? est-ce un grand malheur? ou, plutôt, une grande douleur, car, pour lui, amour et douleur ne se séparent point.

Et le 21 octobre 1831, le même mois, Alfred Tattet écrivait à Félix Arvers :

« Que devient Musset? Travaille-t-il ou joue-t-il ? Est-il enfin décidé à se perdre? et ne devons-nous plus compter sur son génie qui promettait d'être si beau? C'est vraiment un bien grand malheur. »

En 1832, le père M. de Musset-Pathay meurt

du choléra. Le poète en éprouve un profond chagrin. Il s'ensuit une période de réflexion et de travail. Il ne veut pas être à la charge de sa mère ; il veut tenter un nouvel essai et publier un deuxième volume de vers. S'il ne réussit pas, il s'engagera dans les hussards de Chartres ou bien dans le régiment de lanciers où est son camarade, le prince d'Eckmuhl. Il comprend qu'il faut travailler. Cette vie qu'il mène, aux apparences brillantes, ses belles relations parmi la jeunesse dorée lui font du tort dans tous les camps. « Bohème », décrètent les lions ; « amateur », dédaignent les confrères ; « dandy », ricanent les bousingots.

Il continue de faire la fête ; il s'enivre, il se livre aux boissons inspiratrices et Félix Arvers s'indigne :

> Je ne suis pas de ceux qui vont dans les orgies,
> S'inspirer aux lueurs blafardes des bougies.

Au sortir d'une de ces orgies, ayant mal à ses cheveux blonds, bouclés, Musset rentrait chez sa mère, se repentait en prose : — Ah ! mon Dieu, que c'est bête ! — Et en vers :

> Ah ! malheur à celui qui laisse la débauche
> Planter le premier clou sous sa mamelle gauche.

Sa mère douce, tendre, plus indulgente qu'Arvers, le consolait ; pendant quelque temps, il s'enfermait, faisait des vers puis retournait à ses plaisirs, au vin, au jeu, aux filles ; tel était le rythme de sa vie, tels ses travaux et ses jours et ses nuits. Il lui manquait un grand amour.

Il est toujours le poète de l'amour. Dans *Don Paez* il s'écriait :

Amour, fléau du monde, exécrable folie,

Dans le *Saule,* il s'écrie :

Amour! torrent divin de la source infinie!

et il semble bien qu'entre ces deux vers tienne tout son génie. Il est toujours le poète de l'amour ; mais ses héros, ses amants sont plus cérébraux, plus inquiets, plus inquiétants ; ils ont plus d'âme et portent en eux des désirs infinis. Musset lui-même est anxieux et son anxiété s'épanouit dans les deux cents vers que, au cours du poème de *Namouna,* il a écrits sur Don Juan.

Sainte-Beuve, cherchant l'unité dans les *Premières Poésies,* avait trouvé qu'elle se rassemblait, cette insaisissable unité, comme dans un éclair et tombait magiquement sur le visage de Don Juan et il concluait : Voilà l'image d'idolâtrie!

On sait que c'est en Espagne que Tirso de Molina, dont le vrai nom est Gabriel Tellez, moine de la Merci, donna une forme dramatique à la tradition andalouse de Don Juan Tenorio, qui tua le commandeur Don Gonzalo Mora dont il avait séduit la fille. Et parce que, dans les premières années du XVIIe siècle, un moine poète a écrit Il Burlador de Sevilla y Convidado de piedra, *Le Trompeur de Séville et le Convive de pierre,* Don Juan a donné son nom à tous les séducteurs. Un débauché assez vulgaire, un coureur, un instinct, un vice, une force, tel nous apparaît le séducteur espagnol. Don Juan, dans la comédie de Molière, est fait à l'image du Burlador et Musset n'aime pas le Don Juan de Molière.

Depuis Tirso de Molina et Molière, le type a évolué. Don Juan, Hoffmann l'a vu passer au son de la musique

Dans un éclair divin de sa nuit fantastique.

Car c'est en Allemagne qu'est née la conception du Don Juan romantique. Cette conception, dans *Namouna,* Musset la reprend et l'enrichit.

Physiquement, son Don Juan, comme il ressemble à Musset ! Il vient d'avoir vingt ans, son cœur vient de s'ouvrir ; il est beau, il est poète, et chacun honore son génie; *il n'a à se plaindre de personne;* sa maîtresse est enivrée et fidèle et, cependant, il se demande auprès d'elle pourquoi son cœur soupire. La réponse est toute trouvée : « Cœur qui soupire n'a pas ce qu'il désire », et Don Juan désire tout. La beauté de son cœur égale celle de son visage ; mais cet homme est prédestiné, venu sur la terre pour aimer et souffrir, comme le Christ ! Alors, candide corrupteur, le voilà en route pour toutes les expériences. Lui, dont quatre filles de prince ont demandé la main, il se fera laquais pour une chambrière ; après avoir violé une enfant, il tuera son père (lui, si bon !), il portera sa lèvre ardente à la prostituée et séduira la paysanne ! Et elles l'aimaient toutes ces filles insensées et lui les aimait aussi. Que voulait-il donc, ce jeune homme ? se demande le monde justement étonné. Eh ! bien, à travers toutes ces aventures, il cherche la femme de son âme et de son premier vœu. Toutes lui ressemblent et ce n'est jamais elle. Il continue de la chercher et perd sa beauté, sa gloire et son génie (quelle prophétie !)

Pour un être impossible et qui n'existait pas.

Ainsi Musset n'a pas voulu placer Don Juan tout entier sous le signe de Bel-Phégor, l'animal joyeux, inlassablement priapique. Il le place aussi sous les signes de Platon et du Christ, du Portique et du Golgotha. Don Juan a lu les philosophes grecs et, par la connaissance des beaux corps, il veut s'élever à la connaissance du beau absolu.

Don Juan est chrétien et, à travers toutes les voluptés, il veut connaître la suprême douleur. Ainsi il mêle la sensualité à la religion et à la métaphysique. Divagations, nuées subjectives, contradictions, mais une belle musique ! Le cœur de Don Juan est un vase sans fond que mille et trois Danaïdes ne parviendront pas à remplir. Et c'est aussi le cœur de Musset : ces aspirations vagues, ces rêveries brumeuses sont en lui. En ce moment, il fait du donjuanisme. Et s'il écrit cet étrange poème de *Rolla,* il se met encore en scène. M. Taine avait une grande admiration pour *Rolla :* il en parle comme du plus passionné des poèmes. Mais Jules Lemaître pense qu'il n'était pas besoin de mobiliser Voltaire, ni les encyclopédistes, ni les nègres de Saint-Domingue, ni le Christ, à propos de la dernière coucherie d'un imbécile. Imbécile est dur si, dans ce débauché, que nous dépeint Musset, on peut reconnaître Musset lui-même. Que l'idée lui soit venue de ce poème, dans un mauvais lieu, auprès d'une petite prostituée dont il aura, pour un instant, ému le cœur et les sens, cette supposition n'a rien de désordonné. Et c'est un trait de donjuanisme. Don Juan doit être un artiste, jouer la difficulté ; les succès trop faciles, il les doit dédaigner. Mais troubler une novice, une courtisane, une épouse fidèle, une stoïcienne, une « fille aux yeux d'or », voilà des succès dignes de lui.

Entre l'enthousiasme de Taine et la sévérité de Jules Lemaître, plaçons la perspicacité de Mme Arvède Barine, quand elle dit :

« A tant d'éloquence, à tant de passion dans ce poème de *Rolla,* on eût pu deviner qu'une crise morale était proche et que la passion cherchait l'auteur de l'*Andalouse* (1). » Elle le cherchait, elle le trouva. »

(1) ARVÈDE BARINE, *Alfred de Musset,* 1 vol. chez Hachette, Paris, 1893.

## III

C'est au mois de juin 1833 qu'Alfred de Musset rencontra l'objet de cette passion et la femme de sa vie. La jeune baronne Dudevant, née Dupin (Armandine-Lucile-Aurore), en littérature George Sand, était déjà l'auteur célèbre d'*Indiana*, roman qui avait trouvé, auprès du grand public, un débordant enthousiasme. Au printemps de 1833, Sainte-Beuve avait proposé à la jeune femme de lui faire faire la connaissance d'Alfred de Musset ; elle avait refusé :

« A propos, réflexion faite, je ne veux pas que vous m'ameniez Alfred de Musset. Il est très dandy, nous ne nous conviendrions pas, et j'avais plus de curiosité que d'intérêt à le voir. Je pense qu'il est imprudent de satisfaire toutes ses curiosités et meilleur d'obéir à ses sympathies. »

Elle est femme : elle se méfie, elle a des antennes ; elle a des pressentiments. Vienne une autre occasion, elle n'en tiendra aucun compte, elle est femme. Cette occasion, ce fut un de ces dîners mensuels que Buloz, le directeur de la *Revue des Deux Mondes*, offrait à ses collaborateurs. Musset avait publié dans la revue deux pièces : *André del Sarte* et les *Caprices de Marianne*, et George Sand venait de signer un traité avec Buloz. A ce dîner, aux *Frères Provençaux*, le poète et la romancière se trouvèrent placés à côté l'un de l'autre. Lui, blond, élégant, élancé, longs cheveux souples et bouclés, favoris naissants, comme nous le représente le médaillon de David d'Angers ; elle brune, sombre chevelure découvrant un front intelligent, net et pur ; des yeux noirs, magnifiques, magnétiques, des yeux qui attirent, des yeux qu'on n'oubliera jamais ; un léger prognathisme, signe d'une sensualité plus quantitative que qualitative ; une gorge pas opulente, pas pauvre non plus, à son aise ; une taille svelte, un air décidé, une peau ambrée, fine et transparente. Elle portait une toilette « qui sentait la femme libre, un petit poignard suspendu à la ceinture ». Ce n'est pas une beauté parfaite, mais elle est beaucoup mieux. Et puis, ne correspond-elle pas au type d'élection du poète?

Qu'on se rappelle dans *Mardoche :*

> Je me suis dit souvent que je l'aurais choisie
> A Naple, un peu brûlée par le soleil de plomb
> Qui fait dormir le pâtre à l'ombre du sillon;
> Une lèvre à la turque et, sous un col de cygne,
> Un sein vierge et doré, comme la jeune vigne.

Et encore :

> Connaissez-vous dans Barcelone
> Une Andalouse au sein bruni?

Et encore :

> Elle est à moi, moi seul au monde,
> Ses grands sourcils noirs sont à moi.

Etc., etc. Pour le poil et la peau, elle est bien la femme de son premier vœu. C'est la beauté brune, fatale de 1830. Comme elle doit plaire à Musset !

Donc les voici, à ce dîner, à côté l'un de l'autre. Musset était d'ordinaire silencieux avec les hommes; mais, avec les femmes, il se mettait en frais ; les femmes seules comptaient pour lui, il voulait briller, les faisait rire, avait de l'esprit ; il pouvait être étourdissant, éblouissant : un diamant d'esprit, dit la princesse Elsbeth du bouffon Saint-Jean et que Fantasio qui a bien de l'esprit, lui aussi veut remplacer. Dans les *Caprices de Marianne,* à Cœlio sentimental, rêveur, transi, un peu raseur, Marianne préfère Octave mauvais sujet, ivrogne, libertin, mais qui l'amuse. Souvent, on entre dans l'intimité d'une femme en la faisant rire, du moins sourire, mais non de pitié. Souvent une femme dit à un amoureux : « Je m'amuse avec vous », avant de lui dire : « Je vous aime ».

George Sand, en revanche, ne parlait pas beaucoup ; chez elle, elle travaillait tant ! Alors, dans le monde elle écoutait; ou bien lointaine, absente, ouvrant ses yeux immenses, regardait fixement devant elle. Ou bien, si quelque sujet l'intéressait, la passionnait, elle sortait de son silence et devenait éloquente, et l'on peut comprendre, par ses livres, qu'elle n'était pas embarrassée pour développer ses idées. Elle n'avait pas autant d'esprit que son voisin, mais elle était bien capable d'apprécier cet esprit.

Ce soir-là, il lui plut que Fantasio cherchât à lui plaire, tirât pour ses beaux yeux un beau feu d'artifice, et Fantasio sentit qu'il plaisait. Ils durent échanger beaucoup de compliments et quand ils se quittèrent, quand elle lui tendit sa petite main « sans os, moelleuse, ouateuse, presque gélatineuse, main de curieuse excessive, trompée, déçue dans ses incessantes recherches » (Alexandre Dumas fils), ils étaient les meilleurs amis du monde. Alfred de Musset ne savait pas lire dans la main et l'eût-il su, cela n'aurait rien empêché.

Il rentra chez lui, dans sa famille, et se mit à penser à George Sand, jolie, femme du monde, baronne, femme de lettres et dont on parlait (*Indiana, Valentine*), amoureuse et dont on parlait aussi (Jules Sandeau, le sec Mérimée); plus âgée que lui de quelques années, ce qui n'est pas pour arrêter un tout jeune homme ; elle avait vingt-neuf ans, lui en avait vingt-trois ; et puis « des yeux énormes, comme une Indienne, un teint olivâtre, aux reflets de bronze »; elle avait bien des attraits, bien des atouts dans son jeu.

Quelques jours après, Musset lui envoie des vers qu'il vient de composer, en relisant un chapitre d'*Indiana*. Il a des crampes d'estomac ; mais il s'intéresse à George Sand, à sa vie, à ses œuvres. Quand paraît le roman de *Lélia*, il écrit à l'auteur :

« Éprouver de la joie à la lecture d'une belle chose faite par un autre, c'est le privilège d'une ancienne amitié. Je n'ai pas ces droits auprès de vous, Madame, il faut cependant que je vous dise que c'est là ce qui m'est arrivé en lisant *Lélia*. — Il y a dans *Lélia* des vingtaines de pages qui vont droit au cœur, franchement, vigoureusement, tout aussi belles que celles de *René* et de *Lara*. Vous voilà George Sand ; autrement vous eussiez été madame une telle faisant des livres. Vous me connaissez assez pour être sûre à présent que jamais le mot ridicule de — voulez-vous ? ou ne voulez-vous pas? — ne sortira de mes lèvres avec vous. — Il y a la mer Baltique entre vous et moi sous ce rapport. »

Musset pense que George Sand ne peut donner que l'amour moral ; mais il l'appelle : « homme de génie » ; et s'il lui écrit qu'il y a dans *Lélia* des pages tout aussi belles que celles de *René* et de *Lara,* un tel compliment est bien pour réchauffer la mer Baltique. Il arrive quelquefois qu'entre deux personnes qui se disposent à être amants, une amie complaisante les aide à voir clair en eux-mêmes et fasse sentimentalement les courses. Entre la romancière et le poète, l'amie complaisante, c'est la littérature. Alfred va chez George, ils se promènent, dînent ensemble ; il lui fait une cour charmante, lui écrit des lettres très gentilles.

« Mon cher George, j'ai quelque chose de bête et de ridicule à vous dire. Je vous l'écris sottement au lieu de vous l'avoir dit, je ne sais pourquoi, en rentrant de cette promenade. Je suis amoureux de vous, je le suis depuis le premier jour où j'ai été chez vous. J'ai cru que je m'en guérirais tout simplement, en vous voyant à titre d'ami. Il y a beaucoup de choses dans votre caractère qui pouvaient m'en guérir ». C'est une déclaration ; il se jette à

l'eau, dans la mer Baltique. Et il ne tient nullement à guérir : il ne s'éloigne pas, il demeure dans le champ magnétique ; il écrit des choses surprenantes :

« Puisque je n'ai pu parler devant vous, je mourrai muet. Si mon nom est écrit dans un coin de votre cœur, quelque faible, quelque décolorée qu'en soit l'empreinte, ne l'effacez pas... Je puis embrasser une fille galeuse et ivre morte, mais je ne puis embrasser ma mère ». Et voilà une phrase qui, si elle l'a comprise, a dû impressionner vivement George Sand ; plus vivement encore, si elle ne l'a pas comprise.

Il poursuit : « Aimez ceux qui savent aimer, moi je ne sais que souffrir. Il y a des jours où je me tuerais ; mais je pleure ou j'éclate de rire. »

Elle lui avait demandé, un jour, s'il était Octave ou Coelio. Il avait répondu : « Les deux, je crois. »

Et il termine : « Adieu, George, je vous aime comme un enfant ! »

Dans *Elle et Lui*, George Sand proclamera que ce fut l'argument décisif et que sa fibre maternelle fut ébranlée :

« Comme un enfant, répétait-elle, (Thérèse) en serrant la lettre dans ses mains agitées de je ne sais quel frisson. Il m'aime comme un enfant ! Qu'est-

ce qu'il dit là, mon Dieu ! Sait-il le mal qu'il me fait ? »

Voilà ce qu'elle dira plus tard dans *Elle et Lui ;* la vérité, beaucoup plus simple, c'est que, dans le moment, elle était très amoureuse.

Elles sont charmantes, ces premières lettres de Musset à George Sand, sincères, naïves, sans dandysme, ni byronisme, ni donjuanisme ; dictées par le cœur, écrites une main sur le cœur, pour en comprimer les battements, et le cœur sur la main, l'autre, celle qui tient la plume. Et quand il écrit, avant la déclaration : « Vous me connaissez assez pour être sûre à présent que jamais le mot ridicule, voulez-vous ? ou ne voulez-vous pas ? — ne sortira de mes lèvres avec vous », il est de bonne foi. Mais George ne s'y trompe pas ; et elle sait bien ce qu'il veut, ce que les hommes veulent, ce que l'amour veut. Et elle aussi voulut.

Ils sont amants ; elle annonce cette bonne nouvelle à Sainte-Beuve et ne lui demande pas le secret : « Vous pouvez le dire à tous nos amis ». Elle ne s'en cache pas et, si Lelia se reconnaît un droit, c'est bien le droit à l'amour. Elle trouve chez son poète une candeur, une fraîcheur, une loyauté et une tendresse qui l'enivrent ; c'est un amour de jeune homme et une amitié de camarade. A cette fois, elle n'est pas affligée, ni méconnue, comme elle l'a été jusqu'ici, d'abord avec son mari, le baron Casimir Dudevant, un homme brutal qui, un jour l'a souffletée, un autre jour couchée en joue avec un fusil de chasse, ce qui est un grave signe d'impatience. En outre, ce Casimir, il avait des amours vulgaires et, comme on dit, ancillaires. Quasi séparée de son mari dont elle a eu deux enfants, Solange et Maurice, elle a aimé Jules Sandeau, un Berrichon, un « pays » dont elle a eu un roman, *Rose et Blanche*, écrit en collaboration et paru sous le pseudonyme de Jules Sand. Amour et collaboration ont fini dans le panier d'une blanchisseuse, avec qui la romancière a surpris son ami, un beau matin qu'elle revenait de Nohant, sans prévenir. Rupture, naturellement ; puis, dans une brève liaison avec le sec Mérimée, elle n'a connu que désillusion et amertume.

Mais avec Alfred de Musset, elle est heureuse, si heureuse ! En cet été de 1833, le petit appartement qu'elle habite, au n° 19 du quai Malaquais, se remplit de rires et de chansons. Il y règne la plus folle gaieté. On est jeune et « jeune France ». On boit du punch; on fume le cigare, le cigaret, le cigarrero. George, assise sur un coussin, fume d'excellent tabac d'Egypte, dans une longue pipe en cerisier de Bosnie ! Elle a des négligés pittoresques et, nous dirions, des accoutrements. Exemple : robe de chambre ouverte en soie jaune, manches larges, babouches turques sans quartier, résille espagnole, chemise d'homme et cravate noire. (*Lui et Elle.*) « Elle vivait en pantoufles, comme les artistes qui travaillent avec ardeur et ne souffrent rien qui les gêne; était paresseuse à se mettre en tenue de visite ». (*Elle et Lui.*)

Alfred fait des caricatures, car il a un réel talent de dessinateur ; il compose aussi des vers légers, rigolos, comme on dirait de nos jours, sans songer à la postérité et il a bien raison :

George est dans sa chambrette,
Entre deux pots de fleurs,
Fumant sa cigarette,
Les yeux baignés de pleurs.

Pleurs de joie apparemment ; elle rit aux larmes, n'en doutons pas. « Elle était rajeunie de dix ans, elle était une enfant ». (*Elle et Lui.*) Et, comme elle s'amuse avec cet étudiant ! Alfred a vingt-trois ans, il ne faut pas l'oublier. La mode est aux mystifications : un soir, Alfred rase ses moustaches et, pour servir le dîner, se déguise en servante cauchoise, jupon court, bas à côtes, une croix au cou. Il passe ses bras nus sous le nez du grave Lerminier qui ne le reconnaît pas et, à la fin du repas, verse le contenu d'une carafe pleine d'eau sur la tête du philosophe. Une autre fois, on met à la porte Gustave Planche, l'homme qui a tenu le méchant propos chez Achille Deveria, et dont les airs familiers, l'aisance trop aisée pourraient faire croire qu'il eût des droits sur la maîtresse de la maison. Enfin on ne s'ennuyait pas, quai Malaquais. Paul de Musset, dans la *Biographie* et dans *Lui et Elle,* nous a donné un amusant tableau de cet intérieur.

Maintenant Alfred demeurait chez George, avait transporté chez elle ses vêtements. Gaieté, folie, insouciance, jeunesse, amour. Aucun nuage, nulle discussion, témoin cette lettre de George au confident Sainte-Beuve (août 1833) : « Chaque jour, je m'attache davantage à lui ; chaque jour, je vois s'effacer en lui les petites choses qui me faisaient souffrir ; chaque jour, je vois mieux briller les belles choses que j'admirais. Et puis encore par-dessus tout ce qu'il est, il est *bon enfant,* et son intimité m'est aussi douce que sa préférence m'a été précieuse. Après tout, voyez-vous, il n'y a que cela de bon sur la terre. » Et, cela, c'est ceci : aimer, être aimée. Dans *Elle et Lui,* elle dira que son bonheur ne dura que huit jours. Trait d'ingratitude !

La vérité est qu'ils sont en pleine lune de miel. En toute chose on s'entend, on se comprend, on se devine ; on s'émerveille : « Comme nous nous ressemblons ! » On a la même pensée, on prononce les mêmes paroles, au même moment. Pour la centième fois on se raconte comment on s'est connu, les premières impressions qu'on a eues l'un de l'autre ; car les amants nouveaux sont comme les enfants : ils aiment bien d'entendre toujours la même histoire, la leur. D'avoir une telle maîtresse, Alfred s'enorgueillit, prend en pitié les autres hommes qui n'aiment pas comme lui, ne sont pas aimés comme lui, qui ne connaissent pas l'amour.

Pour être plus heureux encore dans la solitude, dans la nature, ils partirent pour Fontainebleau, vers le milieu de septembre. Forêt d'automne :

Tout mourait autour d'eux, l'oiseau dans le feuillage,
La fleur entre leurs mains, l'insecte sous leurs piés.
Et sur tous ces débris joignant leurs mains d'argile,
Etourdis des éclairs d'un instant de plaisir,
Ils croyaient échapper à cet Etre immobile
Qui regarde mourir.

Souvent ils se promenaient, la nuit, dans la forêt. Pour ces courses nocturnes, George revêtait une blouse bleue, des habits d'homme, posait sur sa sombre chevelure une petite casquette de velours noir. Elle allait devant, avec un pas déterminé, les bras ballants, comme un soldat et chantant à tue-tête.

Dans *Lui et Elle*, Paul de Musset affirme que

les amants restèrent à Fontainebleau plus de quinze jours, sans qu'il s'élevât entre eux le semblant d'une querelle, sans une seconde d'ennui ou de lassitude d'être ensemble et que ce furent les vents d'équinoxe, la pluie et les premiers froids qui les forcèrent de rentrer à Paris. Mais on sait que *Lui et Elle* est une réponse à *Elle et Lui,* et cette assertion optimiste est peut-être pour contredire George Sand qui dans *Elle et Lui* place, durant le séjour à Fontainebleau, des scènes fâcheuses, notamment, après une légère querelle, la scène de l'hallucination : une nuit, en pleine forêt, Alfred est couché, au fond d'un ravin ; soudain il entend un écho chanter tout seul, sans provocation, un refrain obscène. Puis il voit passer devant lui, sur la bruyère, un homme qui court, pâle, les vêtements déchirés, les cheveux au vent et qui lui fait une grimace de haine et de mépris; alors il a peur et se jette la face contre terre, car dans cet homme il s'est reconnu lui, Musset, avec vingt ans de plus, des traits creusés par la débauche ou la maladie, des yeux effarés.

Est-ce déjà à Fontainebleau qu'il se montre aux yeux de George tel qu'il a dépeint Octave dans la *Confession :* « alternativement dur et railleur, tendre et dévoué, sec et orgueilleux, repentant et soumis ? »

Si les premières discussions ne commencèrent pas à Fontainebleau, certainement, elles commencèrent dès leur retour à Paris. Ils étaient dans le train de découvrir qu'ils ne se ressemblaient pas tant que ça ! Elle, laborieuse, travaillant sans cesse, se donnant à peine le temps de respirer entre deux romans, comme un laboureur, après avoir tracé un sillon, trace un sillon parallèle; lui, paresseux, du moins travaillant par secousses, par saccades, à ses heures, n'obéissant qu'à l'inspiration et à sa fantaisie. Elle, républicaine, saint-simonienne, agacée par les idées de Musset qu'elle juge arriérées, par ses tenues de dandy, par ses façons de gentilhomme, la vanité qu'il tire de ses belles relations; lui, aristocrate, ami des princes, à présent choqué par les idées de sa maîtresse qu'il avait trouvées d'abord généreuses, peut-être par ses tenues d'artiste, de femme libre qu'il avait trouvées sans doute originales, amusantes, dans les premiers temps ! Surtout, il était d'un tempérament jaloux. Lui qui avait un passé bien rempli, c'est-à-dire mal rempli et précisément parce qu'il avait ce passé, il dut reprocher à George Sand son passé à elle : Jules Sandeau, le sec Mérimée. Peut-être même lui reprochait-il son mariage avec Casimir Dudevant, son long flirt avec Sèze, son affection pour Marie Dorval, l'amitié de Sainte-Beuve, la fami-

liarité de Gustave Planche, que sais-je? Un jaloux n'est jamais embarrassé. Du jour que Musset avait connu George Sand, il avait cessé de faire la fête; mais ses souvenirs, son esprit trop expérimenté le rendaient méchant et injuste. On l'entend : — « Et Sandeau, tu l'as aimé aussi? Alors tu lui as dit les mêmes paroles, tu lui as fait les mêmes caresses, etc., etc. » — Et des récriminations, des interrogations, des insultes, des railleries. George n'était pas embarrassée non plus pour lui répondre : certainement, elle avait un passé ; mais elle avait été de bonne foi, elle avait aimé. Jules Sandeau était avouable et même le sec Mérimée. Mais lui, Musset, n'avait connu que des filles. N'avait-il pas écrit :

> Ah! malheur à celui qui laisse la débauche
> Planter le premier clou sous sa mamelle gauche.

Alors, ces vers fameux, George se chargeait de les paraphraser. La débauche, le vin, les filles, elle développait ce thème avec une insistance bien féminine ; pour enfoncer le clou, une femme a toujours son petit marteau. La débauche, le vin, les filles, quelle horreur !

Bien avant leur liaison, elle avait eu le dessein d'un voyage en Italie. Elle voulut partir seule ;

Musset insista pour l'accompagner. Il fit de belles promesses; il ne pouvait se séparer d'elle; l'Italie, c'est le pays de l'amour; il l'aimerait bien. Rien ne leur rappellerait Paris, ni leur passé ; sous des ciels nouveaux il aurait une âme nouvelle, il travaillerait. Car George n'arrêtait pas de reprocher à Alfred sa paresse ; elle était sermonneuse.

Bref, Musset finit par convaincre sa maîtresse qui, à son tour, se chargea de convaincre la mère. Mme de Musset ne voulait pas laisser partir son fils. Avait-elle des pressentiments? Un soir de décembre, elle était assise au coin de son feu avec sa fille; on vint lui dire qu'une dame attendait en bas, à la porte, dans une voiture de place et demandait instamment à lui parler. Mme de Musset descendit, accompagnée d'un domestique, s'approcha de la voiture; la dame se nomma : c'était George Sand. Elle supplia Mme de Musset de lui confier son fils, disant qu'elle en aurait bien soin : elle sut trouver des paroles maternelles; elle fut persuasive, éloquente, « une éloquence de sirène », dira la mère. Paul de Musset, dans la *Biographie*, raconte la scène qui est jolie. On peut supposer que la maîtresse représenta à la pauvre femme que si Alfred restait à Paris, il s'ennuierait et l'ennui est le pire conseiller : c'était le rejeter, comme on dit, dans les bras des filles. Son âme et sa pensée seraient en Italie, avec la voyageuse, toute sa pensée nostalgique. M$^{me}$ de Musset ne voulut pas de ce partage et comme la mère véritable, dans le jugement de Salomon, elle donna son enfant tout entier à l'autre femme qui l'emporta.

# IV

Par une sombre soirée de décembre de cette année 1833, Musset et George Sand partirent pour l'Italie. M. Edouard Bocher, qui accompagnait les deux voyageurs à la voiture, racontait volontiers à ses fils qu'il se rappelait très bien avoir vu George Sand avec des formes justement accusées par un pantalon gris-perle, sur la tête une casquette à gland, une bouteille de champagne dans une main, un pâté dans l'autre. Une bouteille, un pâté, ainsi Pierrot parfois fait son entrée dans une pantomime. Les souvenirs de M. Edouard Bocher étaient-ils exacts? Les uns diront : « Ça avait dû le frapper » ; les autres : « Ça peut s'inventer ». Le pantalon gris-perle n'a rien d'invraisemblable : George Sand revêtait volontiers le costume masculin. D'après la relation de Paul de Musset, le départ s'accompagnait de mauvais présages : dans la cour de l'Hôtel des Postes, la malle pour Lyon était la treizième ; un des quatre percherons de l'attelage s'ébroua, se jeta sur son voisin ; il s'ensuivit un petit désarroi qui fit qu'en passant sous la porte cochère, une des roues de la voiture accrocha la borne. Ce n'est pas tout : cette maudite voiture, quelques pas plus loin, faillit écraser un porteur d'eau. Un Romain serait rentré chez lui ; George Sand riait de tout son cœur.

Les amants descendirent le Rhône, par bateau, de Lyon en Avignon. Sur le bateau, ils rencontrèrent Stendhal qui les divertit fort par mille facéties. Les voici à Marseille d'où ils s'embarquent pour Gênes. Musset est malade du mal de mer, George fume tranquillement sa cigarette sur le tillac.

George est sur le tillac
Fumant sa cigarette;
Musset, comme une bête,
A mal à l'estomac.

Ils visitent Gênes, puis Florence. Le jour, ils déambulent dans les musées; le soir venu, George se met à écrire. Musset pense déjà à *Lorenzaccio :* il parcourt la ville, il voit les palais des vieilles familles florentines, il s'émeut devant ces vieilles pierres dorées par le soleil de Toscane et qui suent l'histoire, qui en sont imprégnées; il admire chez eux les grands artistes de la Renaissance; dans leurs tableaux, il étudie les figures, les costumes.

Au commencement de janvier 1834, ils étaient à Venise. Ils arrivèrent dans la ville merveilleuse par une nuit sombre et froide. Triste arrivée, lugubre embarquement. Ils descendirent à tâtons dans une gondole, n'y voyant rien, ni la grève, ni la mer. Tout était noir, le ciel, l'eau, la barque et les bateliers. George, toute frissonnante de fièvre, avait des idées noires, pensait que cette gondole « noire, basse, étroite, fermée de partout, ressemblait à un cercueil ». Musset, qui n'avait pas la fièvre, malgré toute cette noirceur, se montrait enthousiaste : il était à Venise ! Le petit poème intitulé *Venise* dans les *Contes d'Espagne et d'Italie*, ne vient-il pas tout de suite après les vers à M^me^ B... ?

> Dans Venise la rouge,
> Pas un cheval qui bouge !

Pas un cheval ! Et pour cause ! Les voyageurs logèrent à l'Albergo Danieli, à l'entrée du Grand Canal, en face de la *Salute*. C'était un ancien palais, le palais Bernardo Nani, transformé en hôtel.

Pour commencer, George Sand est malade; elle reste deux semaines au lit, avec la fièvre. Eh bien, elle a tort d'être malade : c'est une infériorité.

Musset le lui fait sentir, prend de l'humeur : c'est bien triste et bien ennuyeux, une femme malade : on ne vient pas à Venise pour être malade. C'est une chose qu'un tout jeune homme ne comprend pas. Il n'a pas cette pitié congénitale, instinctive, qui penche une femme, comme une sœur de charité, sur toute souffrance, à plus forte raison sur la souffrance d'un être aimé. La plupart des femmes, dans ces circonstances, sont admirables d'inquiétude, sans la laisser voir, de patience, de soins légers, adroits et dévoués. Musset a vingt-quatre ans : il en veut à George qui est malade.

C'est ici qu'entre en scène le troisième personnage de la comédie dramatique et singulière qui allait se dérouler à Venise.

Un matin, en passant sous les fenêtres de l'Albergo Danieli, un jeune docteur de la ville a vu, assise à un balcon, une jeune femme à la physionomie mélancolique, aux yeux noirs d'une expression décidée et virile, aux cheveux noirs enveloppés d'un foulard écarlate, en manière de petit turban. Elle fume un paquito, tout en causant avec un jeune homme blond, assis à ses côtés. Le jeune docteur est fasciné et, par un coup du hasard ou du destin, le lendemain matin, l'hôtelier Danieli le vient chercher et l'introduit dans l'appartement de la fumeuse. Elle se plaint d'une forte migraine; il lui tâte le pouls et la saigne. Et c'est ainsi que le docteur Pietro Pagello connut George Sand.

Alfred ne pense guère à être jaloux; mais il ne moisit pas au chevet de son amie; méchanceté, indifférence? non, jeunesse, impatience, incompréhension, manque de vocation; il l'abandonne avec des paroles offensantes, sans autre motif qu'une fièvre tierce, des yeux abattus, une tristesse profonde. Il court Venise, visite les musées, prend des notes. S'il ne visitait que les musées ! Mais il y a les Vénitiennes, avec ce charme, cet attrait que possède aux yeux de l'aubain la femme indigène, autochtone, attrait si puissant sur la curiosité d'un artiste ou simplement d'un amateur.

On peut lui dire sans danger,
Ma chère, je suis étranger,
Vous êtes belle.

Sans danger? Un soir, Alfred rentre en disant à George qu'il craignait d'avoir... Ici quatre mots recouverts de crayon bleu dans la *Correspondance*. Il en fut quitte pour la crainte.

Il y a aussi les vins du pays ; filles et vins du pays, si tentants à goûter dans le pays. Tout cela fait qu'un soir qu'elle n'oubliera jamais, Alfred dit à George dans le casino Danieli : « George, je m'étais trompé : je t'en demande pardon, mais je ne t'aime pas. » Et la porte de leurs chambres fut fermée entre eux.

Ils essayèrent de vivre en bons camarades; mais cela n'était plus possible. Le poète s'ennuyait : il appelait son amie l'ennui personnifié, la rêveuse, la bête, la religieuse... « J'étais jeune et j'aimais le plaisir; ce tête-à-tête de tous les jours avec une femme plus âgée que moi, qui souffrait et languissait, ce visage de plus en plus sérieux que j'avais toujours devant moi, tout cela révoltait ma jeunesse et m'inspirait des regrets amers pour ma liberté d'autrefois. » (*La Confession.*)

Peut-être maintenant lui reprochait-il d'être plus âgée que lui. Elle avait trente ans; déjà à vingt-huit ans, quand elle avait connu Musset, elle se croyait vieille; déjà à vingt-cinq ans, elle se disait « dans les pommes cuites ». A vingt-cinq ans ! Nous avons changé tout ça. George ne savait pas ce qu'Alfred devenait le soir. Il s'amusait, tandis qu'elle, malgré la fièvre, travaillait ; écrire était pour elle une habitude, une seconde nature et aussi une nécessité. Pour les frais du voyage, elle avait dû emprunter quelque argent à Buloz, et, pour le rembourser, comme elle était droite, loyale, honnête homme en affaires, elle voulait lui envoyer de la copie. Et cela agaçait prodigieusement Musset. Plus tard, dans l'*Histoire d'un Merle blanc,* il écrira : « Tandis que je composais mes poèmes, elle barbouillait des rames de papier. Je lui récitais mes vers à haute voix, et cela ne la gênait nullement pour écrire pendant ce temps-là. Elle pondait des romans avec une facilité presque égale à la mienne, choisissant toujours les sujets les plus dramatiques, des parricides, des rapts, des meurtres, et même jusqu'à des filouteries; ayant toujours soin, en passant, d'attaquer le gouvernement, et de prêcher l'émancipation des merlettes... Il ne lui arrivait jamais de rayer une ligne, ni de faire un plan, avant de se mettre à l'œuvre. C'était le type de la merlette lettrée. »

L'ingrat !

Dans la première semaine de février, Musset tombe malade à son tour; il est tout à coup en danger; une nuit, il est en proie à un délire affreux. « Nuit horrible, écrit George Sand à un ami de Paris, six heures d'une frénésie telle que, malgré deux hommes robustes, il courait nu dans la chambre. Des cris, des chants, des hurlements, des convulsions... ô mon Dieu, quel spectacle ! »

C'est Pietro Pagello qui soigne le malade; il se penche sur son client; George, admirable de dévouement, se penche sur son amant : une rencontre est inévitable. Trahison sans excuses? Mais non, il ne s'agit pas d'accabler ni de défendre George

Sand ou Musset; il ne s'agit pas d'être mussetiste ou sandiste, coûte que coûte, vaille que vaille. Musset n'a pas été très gentil, quand George Sand, en arrivant à Venise, est tombée malade. C'est lui qui, maintenant, est dans un état d'infériorité. Devant une maladie qui met les jours de son amant en danger, ne doutons pas que George Sand n'ait pardonné; mais au fond d'elle-même, sans qu'elle s'en rende compte, l'amante offensée a amassé de la rancune. C'est qu'il y a une justice immanente, en amour comme en toute chose, et cette justice immanente veut que George, sans le vouloir, ait un désir de représailles, un besoin de vengeance. Elle est jeune, jolie, artiste, elle aussi, à la recherche de sensations. Pourquoi donc ne subirait-elle pas, elle aussi, le charme de l'autochtone? Pourquoi n'aurait-elle pas la curiosité, à Venise, de l'aventure avec un Vénitien? Ce Vénitien, elle l'a, pour ainsi dire, sous la main. Les exigences d'un sain tempérament collaborent avec cette curiosité cérébrale. Cette curiosité vers l'individu de race et même de couleur différentes est d'ailleurs dans la nature des hommes et des femmes, dans la nature humaine et peut-être des desseins supérieurs ont voulu que s'établît ainsi sur la terre, avant la mort de notre planète, une race unique. D'autre part, George peut se considérer comme libre : « George, je m'étais trompé... je te demande pardon, mais je ne t'aime pas. » Encore un coup, il ne s'agit pas d'accuser ou d'excuser George Sand mais de l'expliquer.

De son côté, l'Italien, un homme solide, d'une trentaine d'années, subit le charme de cette Française qui écrit des romans et fume des cigarettes. Auprès du lit d'Alfred, George Sand et le jeune médecin parlent de la littérature, des poètes, des artistes italiens; de Venise, de son histoire, de ses monuments. Un soir, Pagello demande à George Sand : — « Eh bien, Madame, vous avez l'intention d'écrire un roman qui parle de la belle Venise? » — George répond : — « Peut-être ! » — puis elle prend un feuillet et se met à écrire avec la fougue d'un improvisateur; elle écrit pendant une heure. Enfin elle dépose la plume et, sans regarder Pagello ni lui parler, elle se prend la tête entre les mains et reste assez longtemps dans cette attitude qui est celle de la réflexion concentrée, de la délibération laborieuse, du débat pathétique entre diverses solutions. Ayant réfléchi, elle se lève, de ses grands yeux noirs regarde le médecin et lui remet la page qu'elle vient de couvrir de son écriture, en lui disant : « C'est pour vous. » Ou bien, elle lui aurait tendu la page, sans dire un mot, et il lui aurait demandé : — « Pour qui est-ce? à qui voulez-vous que je remette ça? » Elle aurait répondu : « Au stupide Pagello ! »

M. Charles Maurras, qui a apporté dans toute cette affaire une psychologie éclairante et sa térébrante logique, dit d'une façon bien plaisante : « Ce médecin semble fait à souhait pour cette scène. On le voit figurer à côté de Pancrace ou de Pantalon, sous les traits du Docteur dans une farce de son pays. » Pauvre Pagello, ne l'accablons pas, lui non plus. Aussi bien, il n'osait pas comprendre. Sa position n'était pas commode. Stupide, mais honnête... ou bien honnête, donc stupide. Le rôle d'un homme qu'une femme distingue un peu directement est toujours difficile. Pagello était revêtu d'un ministère : Alfred de Musset était son client. D'autre part, lui-même, Pagello, avait une maîtresse férocement jalouse qu'on appelait l'Arpalice.

Pagello rentré chez lui, lut la prose de George Sand; elle renfermait des choses comme celles-ci :

« Nés sous des cieux différents, nous n'avons ni les mêmes pensées, ni le même langage; avons-nous du moins des cœurs semblables?... Je suis auprès de toi comme une pâle statue, je te regarde avec étonnement, avec désir, avec inquiétude... Ma nature débile et ton tempérament de feu doivent enfanter des pensées bien diverses... Seras-tu pour moi un appui ou un maître? Me consoleras-tu des maux que j'ai soufferts avant de te rencontrer? Sauras-tu pourquoi je suis triste? Connais-tu la compassion, la patience, l'amitié? On t'a élevé peut-être dans la conviction que les femmes n'ont pas d'âme. Sais-tu qu'elles en ont une? N'es-tu ni chrétien, ni musulman, ni civilisé, ni barbare; es-tu un homme? Qu'y a-t-il dans cette mâle poitrine, dans cet œil de lion, dans ce front superbe? Y a-t-il en toi une pensée noble et pure, un sentiment fraternel et pieux? Quand tu dors, rêves-tu que tu voles vers le ciel? Quand les hommes te font du mal, espères-tu en Dieu?

« Serai-je ta compagne ou ton esclave? Me désires-tu ou m'aimes-tu? Quand ta passion sera satisfaite, sauras-tu me remercier? Quand je te rendrai heureux, sauras-tu me le dire?

« Les plaisirs de l'amour te laissent-ils haletant ou abruti, ou te jettent-ils dans une extase divine? Ton âme survit-elle à ton corps, quand tu quittes le sein de celle que tu aimes?... Je ne sais ni ta vie passée, ni ton caractère, ni ce que les hommes qui te connaissent pensent de toi. Peut-être es-tu le premier, peut-être le dernier d'entre eux. Je t'aime sans savoir si je pourrai t'estimer, je t'aime parce que tu me plais, peut-être serai-je forcée de te haïr bientôt.

« Si tu étais un homme de ma patrie, je t'interrogerais et tu me comprendrais. Mais je serais peut-être plus malheureuse encore, car tu me tromperais.

« Toi, du moins, ne me tromperas pas, tu ne me feras pas de vaines promesses et de faux serments. Tu m'aimeras comme tu sais et comme tu peux aimer. Ce que j'ai cherché en vain dans les autres, je ne le trouverai peut-être pas en toi, mais je pourrai toujours croire que tu le possèdes. » Etc., etc...

Ainsi, dans le style de *Lélia*, écrivait George à Pierre, au chevet d'Alfred. Quelle abondance, quelle facilité ! C'était une longue déclaration, une invitation au voyage, au mélange des races. Un enfant de trois ans l'aurait compris et le stupide Pagello le comprit admirablement. Il comprit surtout que jusqu'ici la dame française avait été, comme tant d'autres, une femme incomprise. Le lendemain matin, après que le médecin eut tâté le pouls à son malade, George Sand et Pagello sortirent ensemble et, tout en faisant les cent pas sur la Place Saint-Marc, eurent une conversation importante. Pagello dut répondre d'une façon satisfaisante, dans un mélange de mauvais français et de dialecte vénitien, aux diverses questions qui lui étaient posées dans la lettre. Désormais, quand il dormirait, il rêverait qu'il vole vers le ciel; quand les hommes lui feraient du mal, il espérerait en

Dieu, puisque George semblait désirer que les choses fussent ainsi. Avec George, les plaisirs de l'amour le jetteraient dans une extase divine. Elle serait sa compagne, non son esclave; il ne la tromperait pas, etc., etc. Et, bientôt, commencèrent entre eux des relations très intimes.

Entre deux amants, surtout des amants nouvellement accordés, qu'ils ne s'observent pas assez ou qu'ils s'observent trop, il y a toujours vis-à-vis des tiers un changement d'attitude; il émane d'eux certains rayons qui n'impressionnent pas le vulgaire, mais qui impressionnent les personnes de l'entourage, si elles ont quelque expérience des choses de l'amour et le don d'observation, à plus forte raison la personne intéressée, trahie. Pas toujours, il y a des exceptions : il peut arriver que la personne intéressée ait une confiance aveugle, ne voie rien, ne se doute de rien; thème de comédie ou de vaudeville, bien que la chose en soi ne soit pas tellement comique, ni bouffonne. Mais ce ne fut pas le cas dans l'aventure de Venise.

Musset avait une fièvre cérébrale, avec des alternatives de délire, de lucidité, des états de prostration, des états de demi-sommeil. Dans les moments de lucidité, il s'aperçut du changement d'attitude; les rayons l'impressionnèrent. A d'autres moments, des visions passaient devant ses yeux : une femme est sur les genoux d'un homme; elle a la tête renversée, leurs bouches se joignent. Il se peut que la vision coïncide avec la réalité durant un temps très court, et la femme imprudente et impudente pourra toujours mettre la réalité sur le compte de l'hallucination.

Qu'y a--il de vrai dans l'histoire de la tasse de thé? Un soir, George Sand et Pagello ont pris du thé. Y avait-il deux tasses? ou seulement une tasse? Paul de Musset (*Lui et Elle*) et Alfred (*La Confession*) disent : une tasse. George (*Elle et Lui*) n'en parle pas.

On ne sait pas au juste ce qui a pu se passer. Il y a trop de documents qui se contredisent, une tradition écrite, une tradition orale. En 1852, dix-huit ans après ces tristes événements, Alfred de Musset a dicté à son frère Paul la relation d'une suite de scènes bien dramatiques qui auraient eu lieu entre Lui et Elle. Une nuit, Musset se réveille et, malgré l'heure indue, perçoit de la lumière sous la porte qui séparait leurs deux chambres. Il se lève, entre chez George et la surprend dans son lit, en train d'écrire une lettre. Elle froisse la lettre, la cache sous les draps. Accusée d'écrire à Pagello, elle nie, se met en colère et menace le jaloux de le faire enfermer dans une maison de fous. Musset interdit rentre dans sa chambre, entend George se lever, ouvrir la fenêtre, sans doute, pense-t-il, pour jeter dans la rue les morceaux de la lettre qu'elle a déchirée. Toujours en proie au soupçon, à l'aube, il se lève, descend dans la rue, aperçoit une femme en jupon, enveloppée d'un châle et qui, courbée, semble chercher à terre quelque chose. Il lui dit : « George, tu ne retrouveras pas les morceaux de ta lettre; le vent les a balayés. » Elle menace à nouveau de le faire enfermer, et part en courant. Il la poursuit; elle saute dans une gondole en criant au batelier d'aller au Lido. Il se jette dans la gondole, à côté d'elle; ils ne se disent pas un mot. Arrivée au Lido, elle se remet à courir, sautant de tombe en tombe dans le cimetière des Juifs. Il la poursuit; enfin, épuisée, elle s'assied sur une pierre sépulcrale et se met à pleurer. Il lui fait avouer qu'elle aime Pagello et la ramène vaincue à la maison.

Je résume ; mais on peut lire par ailleurs (1) le récit intégral de cet épisode passionnel et macabre. Musset avait de l'imagination et de la rancune; et puis dix-huit ans après ! et puis le frère Paul a passé par là. Bien des détails ont pu être *arrangés*. Mais tout n'a pas été inventé : George, dans son lit, écrivant la lettre à Pagello; la femme en jupon enve-

(1) PAUL MARIÉTON : *Une Histoire d'amour*. Paris, 1897.

loppée d'un châle, dans l'aube grise d'un matin d'hiver, la scène affreuse à l'affreux Lido, peuvent être des images nettement enregistrées et sincèrement reproduites.

Leur existence était abominable. Musset voulut tuer Sand et Pagello, provoquer Pagello en duel; George fit mine d'avaler une fiole de laudanum. Le malheureux, à peine convalescent, torturé, brisé, pensait au retour, écrivait à sa mère : « Je vous rapporterai un corps malade, une âme abattue, un cœur en sang, mais qui vous aime. » Maintenant, à Venise, on lui faisait peur, on lui disait qu'il avait été bien près de la folie et que c'était le résultat de ses débauches (le vin et les filles !) Alors, il se frappait la poitrine en pleurant et, par une évolution que M. Charles Maurras a lumineusement décrite, il en arrivait à se reconnaître responsable, et lorsque George lui avouait qu'elle aimait Pagello, que le beau médecin lui avait pris le cœur, le cœur seulement; il acceptait cela comme un juste châtiment : A l'opposé de George Sand qui s'élevait volontiers au-dessus des contingences et, sévère pour les erreurs des autres, était pleine d'indulgence pour ses propres erreurs, s'absolvait de ses chutes en planant, Musset avait une grande puissance de contrition et, par sa nature, était « meaculpiste ». Tout enfant, le remords d'une faute même légère le poursuivait à ce point qu'il venait s'accuser lui-même. A mainte reprise, il s'est accusé d'être débauché, paresseux. Jugeant son œuvre poétique, il dira :

> Mes premiers vers sont d'un enfant,
> Les seconds d'un adolescent,
> Les derniers à peine d'un homme.

Donc il accepte le châtiment ; bien plus, il veut s'élever jusqu'au sacrifice complet, surhumain. Il arrache à Pagello l'aveu de son amour pour George Sand; Pagello lui jure de la rendre heureuse et, dans une nuit d'enthousiasme, ivre d'holocauste et d'abnégation, le poète leur joint les mains en leur disant : « Vous vous aimez et vous m'aimez pourtant ! Vous m'avez sauvé âme et corps. »

Mouvement étrange mais qui a sa beauté et dans quoi passe comme un souffle de christianisme : Aimez-vous les uns les autres !

Mu
«
joi
tres
doı
doı

for
coı
nel
qu'
am
rec
dys
tioı

# V

Dans les derniers jours de mars 1834, Alfred de Musset partait seul pour Paris; mais il emportait « deux étranges compagnes, une tristesse et une joie sans fin », tristesse d'être séparé d'une maîtresse qu'il aimait toujours d'amour, joie de l'avoir donnée (il le croyait, le malheureux !) à un homme dont le cœur était digne d'elle.

C'est sa consolation, son viatique; il a le réconfort de son sacrifice, la pensée qu'il s'est bien conduit, qu'il a joué un rôle admirable, exceptionnel, surhumain, qu'il a ainsi rédimé ses péchés, qu'il paraît très grand et très bon aux yeux de son amie, qu'il la quitte sur un beau geste. On peut reconnaître d'ailleurs dans ce beau geste un dandysme transcendant et aussi une étrange interprétation de la religion dans laquelle le poète a été élevé.

Quelques semaines plus tard, il écrira : « Je sonnerai aux oreilles de ce siècle blasé et corrompu, athée et crapuleux, la trompette des résurrections humaines que le Christ a laissée au pied de sa croix. Jésus ! Jésus ! et moi aussi je suis le fils de ton père ! » N'a-t-il pas eu, lui, Musset, sa passion ? Et comme certains mystiques, aux pieds, aux mains, au flanc droit, il se découvre les stigmates.

Il part, triste voyageur; mais à celle qui est demeurée là-bas, en route il écrit, et elle lui répond. Ils étaient convenus de se donner de leurs nouvelles, mais quelle imprudence ! Dans l'état où il est, pour lui chaque lettre de George Sand et qui ne peut être que compatissante et lyrique, c'est pour désaltérer un homme qui a la fièvre typhoïde, un verre d'eau amère et contaminée, puisée dans les canaux de Venise. De Padoue, de Genève, il écrit des lettres plaintives à son enfant, son frère chéri, son unique amie, son George bien-aimé. De Genève :

« Je t'ai laissée bien lasse, bien épuisée par ces deux mois de chagrin. Dis-moi surtout que tu es tranquille, que tu seras heureuse... Te dirai-je que je n'ai pas souffert, que je n'ai pas pleuré bien des fois dans ces tristes nuits d'auberge ! Ce serait me vanter d'être une brute, et tu ne me croirais pas.

« Je t'aime encore d'amour, George. Dans quatre jours, il y aura trois cents lieues entre nous, pourquoi ne te parlerais-je pas franchement? A cette distance-là, il n'y a plus ni violences ni attaques de nerfs : je t'aime, je te sais auprès d'un homme que tu aimes, et cependant je suis tranquille... Je n'ai pas voulu t'écrire avant d'être sûr de moi; il s'est passé tant de choses dans cette pauvre tête! De quel rêve étrange je m'éveille! »

Il est sûr de lui, il est tranquille. C'est l'effet immédiat de la séparation. Sensation de soulagement, de quiétude après la tourmente. Il est toute âme; il ne *réalise* pas George et Pagello, bien tranquilles, eux aussi, dans la petite maison du médecin. Ah! la présence réelle! George devient lointaine ; il ne la situe pas dans cette Venise où il a trop souffert. George est une âme qui erre sur la lagune. Elle n'a pas de corps : sa gorge, ses bras, sa bouche, il n'y pense pas, il n'y veut pas penser et, dans cette abolition, sans doute il ne voit que les immenses yeux noirs, miroirs de l'âme.

« Pauvre George! Pauvre chère enfant! Tu t'étais trompée; tu t'es crue ma maîtresse, tu n'étais que ma mère; le ciel nous avait faits l'un pour l'autre; nos intelligences, dans leur sphère élevée, se sont reconnues comme deux oiseaux des montagnes, elles ont volé l'une vers l'autre, mais l'étreinte a été trop forte; c'est un inceste que nous commettions... Oh! mon enfant, tu vis, tu es belle, tu es jeune, tu te promènes sous le plus beau ciel du monde, appuyée sur un homme dont le cœur est digne de toi. Brave jeune homme ! Dis-lui combien je l'aime, et que je ne puis retenir mes larmes en pensant à lui. »

Elle lui répond :

« ... Que j'aie été ta mère ou ta maîtresse, peu importe. Que je t'aie inspiré de l'amour ou de l'amitié; que j'aie été heureuse ou malheureuse avec toi, tout cela ne change rien à l'état de mon âme à présent. »

Et M. Félix Decori, dans la *Correspondance de George Sand et d'Alfred de Musset,* publiée intégralement par ses soins et pour la première fois d'après des documents originaux (1904), nous avertit qu'il y a ici trois lignes rayées.

C'est contrariant. A plus d'une page, il y a des lignes rayées dans cette Correspondance. En 1835, George Sand avait redemandé ses lettres à Musset, sans lui rendre celles qu'elle-même lui avait écrites, qu'il ne réclamait pas d'ailleurs.

Le 10 mars 1864, George Sand exprimait à un ami, M. Émile Aucante, le désir que ces lettres fussent publiées après sa mort, au moment qu'il jugerait opportun. Le 30 mars 1903, atteint par l'âge et les infirmités, M. Émile Aucante confiait à M. Félix Decori, l'avocat célèbre, le soin de cette publication. Naturellement, George Sand a relu les lettres, rayé certains passages, coupé des pages entières aux ciseaux. Les fautes d'orthographe de Musset ont été respectées. Hélas ! un poète écrit à sa maîtresse, au courant de la plume et du cœur, sans songer à l'impression, à la postérité. Dans le mouvement, dans l'abandon, s'il lui échappe une faute d'orthographe, quatre-vingts ans plus tard la faute est imprimée; mais on la fait suivre entre parenthèses et en italiques de ce petit mot sec : (*sic*) !

*Trois lignes rayées* et elle continue :

« Tu as raison, notre embrassement était un inceste, mais nous ne le savions pas. Nous nous jetions innocemment et sincèrement dans le sein l'un de l'autre. Eh bien, avons-nous un seul souvenir de ces étreintes qui ne soit chaste et sain? Tu m'as reproché, dans un jour de fièvre et de délire, de n'avoir jamais su te donner les plaisirs de l'amour. J'en ai pleuré alors, et maintenant, je suis bien aise qu'il y ait quelque chose de vrai dans ce reproche. »

Et elle lui raconte quelle est sa vie à Venise. Oh ! sans méchanceté, avec une inconscience désastreuse, elle fait bien tout pour que son ami la réalise, la situe. Elle lui donne des nouvelles de Pagello : son ancienne maîtresse, l'Arpalice, s'est reprise pour lui d'une passion féroce depuis qu'elle le sait infidèle et lui rend la vie accidentée.

« Pagello est un ange de vertu et qui mériterait d'être heureux... Je passe avec lui les plus doux moments de ma journée à parler de toi. Il est si sensible et si bon, cet homme, il comprend si bien ma tristesse, il la respecte si religieusement ! C'est un muet qui se ferait couper la tête pour moi. Il m'entoure de soins et d'attentions dont je ne me suis jamais fait l'idée. Je n'ai pas le temps de former un souhait. Il devine toutes les choses matérielles qui peuvent servir à me rendre la vie meilleure. » (Ici une ligne et demie supprimée.)

De telles lettres de George, c'est de l'huile sur le feu. Mère, sœur, amie, amante, inceste, affection sainte, cœur, intelligence, souvenir douloureux d'un amour tourmenté, ce n'est pas avec tout cela qu'Alfred guérira.

Il est arrivé à Paris le 12 avril ; il est tombé dans les bras de sa mère, l'autre, la vraie, qui a revu avec plus de tristesse que de joie l'enfant prodigue, au visage amaigri, aux traits altérés, perdant ses cheveux par poignées. M^me^ de Musset maudit la femme qui lui renvoie son enfant dans cet état. Il y a eu des potins : une M^me^ Hennequin a fait à M^me^ de Musset tous les cancans possibles sur le compte de George Sand ; mais Alfred n'a pas eu de peine à désabuser sa mère : George l'a si bien soigné, quand il était si malade, là-bas ! N'a-t-elle pas passé dix-huit nuits à son chevet ?

Il a tant souffert qu'il est arrivé à Paris avec l'intention de se distraire et de chercher un nouvel amour ; mais si, dans une partie quarrée (*sic*), on met à côté de lui une fille d'Opéra, il ne peut lui dire un mot et rentre se coucher à huit heures.

Il retourne dans les salons ; mais bien que très tranquille, il est dévoré d'un chagrin qui ne le quitte plus. Il va quai Malaquais, il revoit le petit appartement où ils furent si heureux.

George est dans sa chambrette
Entre deux pots de fleurs.

Souvenirs ! Souvenirs ! Les meubles sont recouverts de grandes couvertures de laine, le lit n'a que les matelas et les fenêtres sont sans rideaux. Il a cru qu'il entrait dans la chambre d'un mort. Il a trouvé dans une coupe des cigarettes que George avait faites avant le départ pour l'Italie. Il les fume avec une tristesse et un bonheur étranges. Il a de plus volé un petit peigne à moitié cassé, et qui a peigné de beaux cheveux noirs, et il s'en va partout avec son petit peigne dans sa poche. Bêtises, enfantillages, mais en 1833 comme en 1925, soyons-en persuadés, le cœur n'a pas d'âge, ni d'esprit.

Alfred n'est pas héroïque et ce n'est toujours pas ainsi qu'il guérira.

L'aventure de Venise s'était ébruitée. Quinze jours avant l'arrivée de Musset à Paris, on savait déjà que les amants étaient séparés. Alfred Tattet, passant par Venise, en bonne fortune avec Virginie Déjazet qu'il avait emmenée en Italie, avait vu à l'hôtel Danieli le poète, la romancière et le docteur. Alfred entrait à peine en convalescence, George se plaignait auprès de Tattet, faisait des demi-confidences, en disait trop et pas assez ; et Pagello se liait d'amitié avec le meilleur ami de Musset, qui survenait là, à un tournant critique. Tattet, en les observant tous trois, avait bien pu se douter de quelque chose. A Paris, Gustave Planche, l'homme au méchant propos, et Jules Sandeau, l'amant lâché, vomissaient contre Musset tout ce qu'ils avaient dans les entrailles ; le sec Mérimée rossait. Ça lui était bien égal, mais, tout de même, c'était toujours l'huile sur le feu.

Il renonçait à la vie qu'il avait menée avant qu'il connût George, avec ses compagnons de plaisir. Cela lui était impossible de recommencer : « Sois fière, mon grand et brave George, tu as fait un homme d'un enfant ». Cette amitié qui survit à l'amour, dont le monde se moque tant, dont il s'est tant moqué lui-même, cette amitié existe donc. Le monde, il continue de potiner ferme ; sandistes et mussetistes, déjà. Dans un camp, on donne tous les torts à Alfred, dans l'autre à George. Eh bien, il la défendra, jusqu'à ce qu'il crève. Il va faire un roman ; il a bien envie d'écrire leur histoire (Trop tôt, trop tôt !). Il lui semble que cela le guérirait et lui élèverait le cœur. « Je voudrais te bâtir un autel, fût-ce avec mes os ; mais j'attendrai ta permission formelle. »

Il ne peut se décider à aller voir au collège Maurice, le fils de George Sand : « c'est encore une lâcheté dont je m'accuse ; mais il a une paire d'yeux noirs que je ne verrais pas sans douleur, je l'avoue. »

Et puis c'est le printemps, le printemps de Paris si troublant ; aux Tuileries, aux Champs-Elysées, les arbres se revêtent d'une jeune verdure, les femmes de robes claires, légères.

Oh ! dans cette saison de verdure et de force,
Où la chaude jeunesse, arbre à la rude écorce,
Couvre tout de son ombre, horizon et chemin,
Heureux, heureux celui qui frappe de la main
Le col d'un étalon rétif ou qui caresse
Les seins étincelants d'une folle maîtresse !

Printemps, jeunesse de l'année. Jeunesse, printemps de la vie ! Et il a vingt-quatre ans ! Il écrit à son ange, son oiseau, sa mignonne adorée : « Les plaisirs que j'ai trouvés dans tes bras étaient plus chastes, c'est vrai, mais ne me dis pas qu'ils étaient moins grands qu'ailleurs... Rappelle-toi une strophe de *Namouna*. — Il y avait dans tes bras un moment dont le souvenir m'a empêché jusqu'aujourd'hui et m'empêchera encore longtemps d'approcher d'une autre femme. »

Le printemps, comme on dit, le travaille. Il commence à situer George Sand. Il veut avoir d'autres maîtresses : la première femme qu'il aura sera jeune; il ne pourrait plus désormais avoir aucune confiance dans une femme faite. Les amis lui conseillent un peu de libertinage, l'engagent à aller dans une de ces maisons où le maigre Rolla rencontrait la belle Marion. Mais il n'ose pas se risquer. « Si mes sens me conduisaient chez une fille, je ne sais pas ce que je ferais, il me semble qu'au moment de la crise je l'étranglerais en hurlant. »

Il fait mieux de n'y pas aller. Rolla étranglant Marion ; quel désordre ! Les nègres de Saint-Domingue eux-mêmes trouveraient qu'il va un peu fort.

Restent les femmes du monde et les jeunes filles.. Mais partager avec un mari, quelle horreur ! quelle abjection ! Et où trouver une jeune fille qui ne soit ni niaise ni impudente, et qui n'ait pour unique mobile de ses manigances le mariage un et indivisible.

Il voudrait rencontrer une intelligence élevée et un cœur vierge. Jeunes filles, femmes du monde, courtisanes, aucune ne peut désormais lui donner le bonheur. Il n'y a qu'une femme au monde, et c'est George ; il n'y a, dans tout l'univers, que deux yeux noirs, une bouche lumineuse, une sombre chevelure, une gorge palpitante ; ainsi le veut l'exclusif amour. Spécialisation de l'instinct sexuel, disent les psycho-physiologues ; et aussi spécialisation des mouvements du cœur, rencontre de l'égal partenaire pour les jeux graves ou légers de l'intelligence et de l'esprit. Avec George Sand, Musset a goûté à l'intelligence, au fruit d'or, au fruit défendu. « Doubler ses facultés, avoir deux ailes pour monter au ciel, presser un cœur et une intelligence sur son intelligence et sur son cœur. Dieu n'en a pas fait plus pour l'homme : voilà pourquoi l'amour est plus beau que la poésie ». Un grand cœur, une belle intelligence et des sens, il les avait trouvés dans George Sand. Ah ! il pouvait bien la regretter ! Elle semblait faite pour lui, et lui pour elle : conjugaison de deux âmes sœurs dans le génie. Mais il n'y a pas comme deux sœurs pour se haïr, si leurs caractères sur certains points divergent et, sur beaucoup de points, Musset et George Sand différaient autant qu'il est possible. Et puis qui dit intelligence dit aussi curiosité, désir de connaissances nouvelles, imagination, liberté. Elle le lui avait fait bien voir. Mais, à distance, il ne restait plus que le souvenir des heures merveilleuses !

A Paris, où tout la lui rappelle, comment l'oublierait-il ? Qu'une femme rencontrée dans un salon lui dise : « Soyez sûr que le jour où vous êtes né, il est né une femme pour vous », il recule malgré lui ; ces paroles lui semblent un sacrilège. Non, non, la femme qui est née pour lui, c'est George ! et voilà sa pensée repartie vers elle. Comment l'oublierait-il ? Il faut qu'il s'occupe des affaires de George ; à chaque instant, elle le charge de petites commissions : « douze paires de gants glacés — deux paires de souliers de satin noir et deux paires de maroquin noir chez Michiels, au coin de la rue du Helder et du boulevard. Tu lui diras de les faire un peu plus larges que ma mesure. J'ai les pieds enflés et le maroquin de Venise est dur comme du buffle, — un quart de patchouly chez Leblanc, rue Sainte-Anne, en face le n° 50, — ne te fais pas attraper, cela vaut 2 francs le quart. Marquis le vend 6 francs. »

Il faut qu'il aille voir Buloz, qu'il corrige des épreuves de manuscrits qu'elle envoie de là-bas, de telle *Lettre d'un Voyageur* où elle parle de lui et d'elle, de leur amour. Comment l'oublierait-il ? A chaque instant, tout est remis en question. Et puis, il écrit tout le temps et de très longues lettres : il entretient la fièvre, il entretient la flamme. Et ce ne sont pas des lettres indifférentes et qui n'engagent à rien : « O mon enfant, la plus aimée, la seule aimée des femmes, je te le jure sur mon père : si le sacrifice de ma vie pouvait te donner une année de bonheur, je sauterais dans un précipice avec une joie éternelle dans l'âme. Mais sais-tu ce que c'est que d'être là, dans cette chambre, seul, sans un ami, sans un chien, sans un sou, sans une espérance, inondé de larmes depuis trois mois et pour bien des années, d'avoir tout perdu, tout jusqu'à mes rêves, et de me repaître d'un ennui sans fin, d'être plus vide que la mort ; sais-tu ce que c'est que d'avoir pour toute consolation une seule pensée, qu'il faut que je souffre et que je m'ensevelisse, mais que du moins, tu es heureuse ! Peut-être heureuse par mes larmes, par mon absence, par le repos que je ne trouble plus. O mon amie, mon amie, si tu ne l'étais pas ! » Il n'arrête pas de parler d'amitié, de pure amitié et il est sincère; mais, entre l'amour et l'amitié, son cœur est comme un pays frontière, une marche dévastée où tout porte les traces de la dernière guerre, de la récente occupation, où tout fait prévoir la prochaine invasion.

George est d'abord inquiète des expressions trop vives de cette amitié pure. Mais quoi ! ne sont-elles pas « la poétique habitude de son langage de poète? » ; elle espère bien les voir peu à peu disparaître des lettres de son ami.

Musset, à cette époque, s'était mis à lire la *Nouvelle Héloïse*. Il y vient, lui aussi, à Jean-Jacques ; des atavismes d'ailleurs l'y prédisposaient ; dans la ligne paternelle, un grand oncle, le marquis de Musset-Pathay, avait écrit un roman par lettres, dicté par l'amour de la vertu et dont le titre charmant était : *Correspondance d'un jeune militaire ou Mémoires de Luzigny et d'Hortense de Saint-Just ;* son père Mr. de Musset-Pathay, destiné d'abord à être d'Église, était l'auteur d'une Biographie de Jean-Jacques Rousseau ; sa grand-mère maternelle était une fille spirituelle du philosophe de Genève, sensible et éloquente ; la mère du poète avait hérité cette éloquence et cette sensibilité.

A ces lettres où la pure amitié se montrait si inquiétante, George répondait par des lettres, très longues également, où l'amitié se montrait non moins troublante. N'est-elle pas aussi une fille spirituelle de Jean-Jacques Rousseau, cette George Sand que M. Ernest Seillière appelle « la troisième Héloïse? (1) » Elle veut être fraternelle, maternelle, raisonnable, consolatrice; elle verse les

(1) Ernest Seillière : *George Sand, Mystique de la Passion, de la Littérature et de l'Art.* Paris. Hachette, 1920.

larmes d'une amie sur la blessure de son amant, « ce baume le plus doux et le plus céleste qui tombe de son cœur ». Mais d'autres expressions plus vives viennent bientôt sous sa plume, à quoi elle est entraînée par l'éloquente habitude de son langage de romancière et la voilà qui, à son tour, s'excite. Elle était habituée à l'enthousiasme et elle regrette son poète, amant insupportable mais passionné, passionnant, spirituel, amusant, avec qui s'il y avait eu de terribles heures, il y en avait eu aussi d'admirables. Avec Pagello, il y a sans doute de bons moments, de solides moments ; mais, s'il s'agit de causer, c'est une autre affaire. Amour à part, la conversation avec lui est difficile. Il sait mal le français, elle ne sait pas très bien l'italien ; en outre, il s'exprime en dialecte vénitien. Ce brave Pierre, il est vertueux, digne de tous les bonheurs, mais ce n'est pas une intelligence ; il n'a jamais lu *Lelia*, il n'y comprendrait goutte ; il régénère George par une affection douce et honnête, mais on sait ce que cela veut dire : quant à elle, c'est la première fois qu'elle aime sans passion. Et les lettres de George sont toutes pleines d'une pitié, d'une charité si cuisantes pour Alfred, de tant de regrets et de souvenirs, qu'Alfred, malgré l'existence de Pierre, peut bien prendre pour de l'amour le sentiment de George. Pagello, maintenant, fait figure de mari, jusque-là que Musset n'en est pas jaloux, ne semble pas du moins être jaloux. Il souffre de ne plus posséder George ; mais il ne semble pas jaloux de ce que Pagello la possède. Il continue d'aimer le docteur comme un frère.

George Sand annonce son dessein de revenir à Paris avec l'honnête Pagello ; mais celui-ci hésite. Il sent que George se détache de lui, regrette son poète. M. Pagello, le père, faisait des remontrances à son fils, le blâmait de vivre avec une étrangère, de perdre sa jeunesse, de ruiner sa carrière et de renier publiquement les principes de morale chrétienne qui lui avaient été inculqués par la meilleure des mères. C'est Musset lui-même qui écrit au jeune médecin pour le déterminer à venir.

« George me mande que vous hésitez à venir ici avec elle : il faut venir avec elle, mon ami, ou ne pas la laisser partir. Trois cents lieues sont trop longues pour une femme seule. Venez, je vous promets de vous montrer, si vous êtes curieux de le voir, un de vos meilleurs amis. »

Pagello n'hésite plus ; mais il écrit à son père qu'il en est au dernier stade de sa folie : « demain je pars pour Paris où je quitterai la Sand et je reviendrai t'embrasser. »

Il n'augurait rien de bon du rôle qu'il allait jouer.

# VI

Voilà donc George Sand et Pagello à Paris, (août 1834). George a retrouvé son petit appartement du quai Malaquais ; le médecin est descendu hôtel d'Orléans, rue des Petits-Augustins, où il a loué une petite chambre au troisième étage pour 1 fr. 50 par jour.

Naturellement, Musset et George Sand se sont revus et cela n'a pas été bon pour eux. La présence réelle a fait son œuvre.

« J'ai trop compté sur moi en voulant te revoir, et j'ai reçu le dernier coup. J'ai à recommencer la triste tâche de cinq mois de souffrance, je vais mettre une seconde fois la mer et les montagnes entre nous... Je te demande une heure et un dernier baiser. Si tu crains un moment de tristesse, si ma demande importune Pierre, n'hésite pas à me refuser. Mais si tu as du courage, reçois-moi seule chez toi, ou ailleurs, où tu voudras.., que ce ne soit pas l'adieu de M. un tel ou de Madame une telle. Que ce soient deux âmes qui ont souffert, deux intelligences souffrantes, deux aigles blessés qui se rencontrent dans le ciel et qui échangent un cri de douleur avant de se séparer pour l'éternité. »

Elle consent ; il la remercie de lui accorder sa demande ; puis, sans doute, elle a réfléchi : ils ne peuvent pas se rencontrer dans le ciel et un rendez-vous quai Malaquais, dans le petit appartement où ils ont tant de souvenirs, serait pour l'un et l'autre une épreuve pernicieuse ; elle a peur, elle a très peur. Et, pourtant, elle ne craint pas de blesser Pierre, en revoyant Alfred. Alors, quoi ? Musset la presse, la conjure :

« Écoute, écoute, George, si tu as du cœur, rencontrons-nous quelque part, chez moi, chez toi, au jardin des plantes, au tombeau de mon père. Un dernier baiser et adieu ! Que crains-tu ? »

Elle répond :

« Oui, il faut nous quitter pour toujours. Il (Pierre) est inquiet et il n'a pas tort, puisque tu es si troublé et il voit bien que cela me fait du mal. Je ne veux pas que tu t'exiles à cause de moi. Je lui ai tout dit, il comprend tout, il est bon. Il veut que je te voie sans lui une dernière fois et que je te décide à rester du moins jusqu'à mon retour de Nohant. Viens donc chez moi. »

Elle va partir pour Nohant, où elle passera les vacances avec ses enfants. Au milieu de toutes ces complications, elle est toujours l'épouse de M. Dudevant. Ils ne sont pas encore par la loi séparés. Pagello souffre et se donne du courage en regardant le portrait de sa mère qu'il a emporté dans sa malle.

Musset est venu chez George Sand. Ils ont passé deux heures ensemble, deux heures tristes mais qui ont versé sur sa plaie un baume salutaire. Il va partir pour Bade ; il n'a pour son amie que des paroles de paix.

« Sois heureuse, aie du courage, de la pitié. Tâche de vaincre un juste orgueil. Rétrécis ton cœur, mon grand George, tu en as trop pour une poitrine humaine. Mais si tu renonces à la vie, rappelle-toi le serment que tu m'as fait : ne meurs pas sans moi. »

Il est parti pour Bade. George lui a envoyé un adieu si triste, si bon, si doux. « Ma chère âme, tu as un cœur d'ange ». Elle lui a permis de l'aimer ; elle lui a parlé de jeunesse, de gloire, d'avenir, d'espérance. On croit l'entendre : — Travaille, fais de belles choses, tu as vingt-quatre ans, le monde attend de toi des œuvres, des chefs-d'œuvre. S'il te faut aimer pour être inspiré, aime une autre femme. Je ne suis pas la seule ; il y en a de plus belles et de plus jeunes que moi. — Oui, mais il ne fallait pas se revoir et, dans la première lettre que Musset lui écrit de Bade (1er septembre 1834), il parle de son amour : « Ah ! George, quel amour ! Jamais homme n'a aimé comme je t'aime. Je suis perdu, vois-tu, inondé d'amour ; je ne sais plus si je vis, si je mange, si je marche, si je respire, si je parle ; je sais que j'aime... Je t'aime, ô ma chair et mon sang ! Je meurs d'amour, d'un amour sans fin, sans nom, insensé, désespéré, perdu ! Tu es aimée, idolâtrée jusqu'à mourir ! Et non ! je ne guérirai pas. Et non, je n'essayerai pas de vivre ; et j'aime mieux cela et mourir en t'aimant vaut mieux que de vivre. Je me soucie bien de ce qu'ils en diront. Ils disent que tu as un autre amant. Je le sais bien, j'en meurs, mais j'aime, j'aime, j'aime. »

Et l'on pense au malade de Venise. « La nuit dernière a été horrible. Six heures d'une frénésie telle que malgré deux hommes robustes, il courait dans la chambre. Des cris, des chants, des convulsions, ô mon Dieu, quel spectacle ! » Ainsi, dans cette lettre, Musset ne court-il pas tout nu, moralement, devant nous ?

Cette lettre qui semble écrite dans le cauchemar

et le délire, George la reçoit à Nohant, au sein de l'indifférente et consolante nature. Elle répond, d'un petit bois où elle est venue se reposer seule, triste et brisée. Ce délire la rend circonspecte. Elle s'est trop avancée, elle recule ; elle a ouvert les portes de l'espoir, elle les referme. Elle fait des hélas ! qu'est-ce que tout cela ? Ce n'est plus l'amitié pure, le saint enthousiasme, c'est la passion. Musset a demandé qu'elle lui écrive, qu'elle lui dise tout ce qui est pour lui dans son cœur : « Tu peux m'en dire même plus que tu n'en sentiras ; je n'en saurai rien, ce ne peut être un crime, je suis perdu. » Traduisons : mens et aie pitié. Mais elle lui dit que Pierre s'inquiète, s'alarme, s'imagine je ne sais quoi. Ce bon Pierre, il ne peut plus croire à un amour de l'âme où les sens seraient pour rien. Lui qui comprenait tout à Venise, du moment qu'il a mis le pied en France, il n'a plus rien compris et le voilà désespéré. Parbleu, à Venise, il avait le beau rôle, ce que le monde appelle le beau rôle ; c'était pour lui que George trompait, bafouait Musset. Il est comme nous : il ne sait pas au juste ce qui s'est passé entre la Sand et son poète, durant ces deux heures qu'ils ont été seuls, quai Malaquais, la veille du départ pour Bade. Il est entré sur la fin de la conversation. Musset a pris congé ; George l'a embrassé sur le front et sur chaque joue. Ces trois baisers, Pierre les a vus ; il n'a pas été troublé. Mais, quand il n'était pas là, n'y a-t-il pas eu d'autres baisers échangés, moins maternels, moins fraternels? Ce que nous nous demandons, Pierre peut bien se le demander. Maintenant, il n'a pas la foi, par conséquent il n'a plus l'amour. Il veut partir ; George va retourner à Paris pour le consoler, non pour se justifier ou le retenir. « Je l'aimais comme un père et tu étais notre enfant à tous deux ! Le voilà qui redevient un être faible, soupçonneux, faisant des querelles d'Allemand. »

« Toujours recevoir des coups de pierre sur la tête ! » répond Alfred sans y entendre malice, à George qui n'arrête pas de lui parler de Pierre, sans ménagements.

De Bade, Musset annonce qu'il va revenir à Paris pour quelque temps ; cela choquera peut-être Georges et *lui* aussi : « J'avoue que je n'en suis plus à ménager personne. S'il souffre, eh ! bien qu'il souffre, ce Vénitien qui m'a appris à souffrir ! Je lui rends sa leçon, il me l'avait donnée en maître. » A la bonne heure ! et nous l'aimons mieux qui déteste Pierre, que lorsqu'il l'appelait brave jeune homme et pleurait d'attendrissement en pensant à lui.

Musset est revenu à Paris. George lui a écrit une

lettre bien triste, mais elle veut bien le revoir, s'il veut.

Ils se sont revus ; elle s'est donnée et les reproches ont commencé, dès le lendemain du bonheur retrouvé. A peine satisfait, c'est contre George que Musset tourne son désespoir et sa colère. Il était bien entendu qu'on ne parlerait jamais de Pierre ; mais il en parle, il interroge, il veut savoir. De quel droit? « Étais-je à toi à Venise? Et n'est-ce pas du premier jour que date notre rupture ? » Et George lui défend d'entrer dans une phase de sa vie où elle avait les droits de reprendre les voiles de la pudeur vis-à-vis de son amant.

Et Pierre, que pensait-il de tout cela? Ah ! s'il se reportait à la déclaration de Venise, adressée au stupide Pagello, il devait faire d'amères réflexions. Il avait été bon, beau, brave à l'amour; il n'avait pas fait de vaines promesses, ni de faux serments. Il avait toujours « cette mâle poitrine, cet œil de lion », sa carrure, ses larges épaules, et voilà qu'on le laissait tomber. « Cette femme à l'œil de lynx » le regardait à présent sans admiration. Là-bas, à Venise, il faisait figure, tenait sa place ; à Paris sans le sou, sans talents, il fait triste figure, et ne tient aucune place. Il a une mauvaise presse. On semble lui en vouloir de ce que l'erreur d'une femme de génie n'ait pas eu pour objet un homme plus éclatant. Il n'insiste pas, ne se cramponne pas. Peut-être aussi a-t-il le mal du pays, le désir de revoir la belle Venise, sa petite maison, son vieux père, l'Arpalice. Alors il arrange quelques affaires et va chez George Sand. Les adieux eurent lieu devant le fidèle Boucoiran, le précepteur du jeune Maurice ; George Sand était embarrassée. « Il l'ennuyait, écrira-t-il plus tard, cet Italien qui, avec son simple bon sens, abattait la sublimité incomprise dont elle avait coutume d'envelopper la lassitude de ses amours. » Il embrassa les enfants, Solange et Maurice, et on ne le revit plus. Il avait laissé un billet d'adieu à Tattet : « Mon bon ami, avant de partir, je vous envoie encore un baiser. (Il embrassait ses amis presque sur la bouche, selon l'usage de là-bas). Je vous conjure de ne souffler jamais mot de mon amour avec la George (trait de naïveté !) Je ne veux pas de vengeances; je pars avec la certitude d'avoir agi en honnête homme. Ceci me fait oublier ma souffrance et ma pauvreté. Adieu, mon ange. Je vous écrirai de Venise. Adieu, adieu. »

Malheureux, on le suppose, mais le moins malheureux des trois, il avait quitté Paris dans les derniers jours d'octobre. Il ne gênera plus les deux autres : ils peuvent s'aimer à leur aise, car George Sand aime Musset, s'est remise à l'aimer. Mais est-il de l'aise, dans la situation où le troisième les a laissés? Après chaque étreinte, la jalousie chez le poète revient plus forte : il injurie, l'amante gémit, il tombe à genoux, elle pardonne. C'est un flux et un reflux, et chaque reflux découvre une grève plus désolée et des rochers plus hideux. Leur torture est un aphrodisiaque et ces scènes continuelles et horribles leur rendent la volupté plus intense, leur sont comme des flagellations. Ils jurent de ne plus se voir, de partir, de mourir ; ils ne meurent pas, ils ne partent pas, ils se revoient. La passion souffle en tempête et l'on pense à deux pauvres arbres secoués par un vent furieux, craquant de toutes leurs branches, frémissant de toutes leurs feuilles. Et l'on pense encore à quelque serpent que la faux d'un faucheur aurait coupé en deux ; les tronçons sur l'herbe tressaillent, se tortillent, tâchent, on dirait, à se rapprocher, se rapprochent, entrent un court instant en contact, mais ne se soudent pas, ne peuvent pas se souder, se séparent et repartent, chacun de son côté, en tressaillements convulsifs. Ainsi, à travers les lettres de George Sand et d'Alfred de Musset nous voyons s'agiter les tronçons de leur amour, de leur malheureux amour coupé en deux par la trahison de George.

C'est une suite de ruptures et de reprises ; ils ne font que changer de résolutions définitives. Vers la fin d'octobre 1834, Musset était venu demeurer chez George Sand ; mais, dans les premiers jours de novembre, il annonce à Tattet que cette fois c'est bien la rupture, la définitive des définitives. Il part pour Montbard, en Bourgogne, se reposer chez un de ses parents. George désespérée part pour Nohant. Dix jours se passent ; Alfred est revenu à Paris ; Georges accourt. Il ne veut pas la revoir ; elle coupe sa sombre chevelure et l'envoie à son amant. Devant ce noir sacrifice, Musset bouleversé est sur le point de céder ; mais les amis interviennent. Ce duel pathétique avait d'abord ému l'entourage, amusé la galerie; sujet de conversation agréable dans les salons, au Café de Paris. Mais on commençait de trouver qu'il y avait des longueurs, que c'était pitoyable. On pensait : « qu'ils en finissent, qu'ils se décident ; qu'ils restent ensemble ou qu'ils se séparent une bonne fois. » L'ami Tattet, le confident Sainte-Beuve étaient excédés. Eugène Delacroix qui faisait le portrait de George Sand et à qui la malheureuse racontait ses souffrances, la trouvait assommante. Lassitude, orgueil, amour-propre, respect humain, Musset ne voulait plus voir George. Vers la fin de novembre, George, amante éperdue et écrivain magnifique, commence d'écrire un journal intime où elle consigne le tumulte de son cœur, le désordre de sa chair, se confesse, s'épanche, se déverse :

« Vraiment, toi, cruel enfant, pourquoi m'as-tu aimée, après m'avoir haïe ? Quel mystère s'accomplit en toi chaque semaine ? Pourquoi ce *crescendo* de déplaisir, de dégoût, d'aversion, de fureur, de froide et méprisante raillerie? Et puis tout à coup, ces larmes, cette douleur, cet amour ineffable qui revient? Tourment de ma vie ! Amour funeste ! Je donnerais tout ce que j'ai reçu pour un seul jour de ton effusion ! Mais *jamais!* jamais ! C'est trop affreux ! Je ne peux pas croire cela ! Je vais y aller ! J'y vais ! — Non ! — Crier, hurler, mais il ne faut pas y aller. Sainte-Beuve ne veut pas. »

Elle a envie d'aller chez Musset, de tirer le cordon de sa sonnette, jusqu'à la casser, jusqu'à ce qu'il ouvre et, s'il n'ouvre pas, de se coucher en travers de la porte, sur le paillasson, comme une grisette. Elle veut mourir, pense au suicide. Ah ! s'il n'y avait pas ses enfants.

Elle a dîné avec Alfred. Triste dîner. Il lui parle d'une nouvelle maîtresse, excite sa jalousie. Lui-même est jaloux de Franz Liszt, qu'elle connaissait avant leur amour, qu'elle revoyait en ce moment et qui était fort occupé par la comtesse Marie d'Agout.

Durant tout ce mois de décembre 1834, George est tout à fait désemparée. Musset travaille, publie

*Une Bonne Fortune* dans la Revue des Deux Mondes, et elle a pu lire ces vers :

Apprenez donc, lecteur, que je viens d'Allemagne,
Vous savez, en été, comme on s'ennuie ici.
En outre, pour mon compte, ayant quelque souci,
Je m'en fus prendre à Bade un semblant de campagne.

Quelque souci ! trait de dandysme. Elle repart pour Nohant ; mais, bientôt, elle est de retour à Paris où elle revoit enfin Alfred. Elle est redevenue sa maîtresse. Chute misérable qu'elle annonce à Tattet, comme un triomphe. Mais elle n'est pas longue à déchanter :

« Qu'espères-tu de la solitude et d'une douleur déjà si poignante ? Hélas ! me voici lâche et flasque, comme une corde brisée. Me voici par terre, me roulant avec mon amour désolé comme avec un cadavre, et je souffre tant que je ne peux plus me relever pour l'enterrer ou pour le rappeler à la vie. Et toi, tu veux exciter et fouetter ta douleur. N'en as-tu pas assez comme cela ? Mais tu espères ? Tu t'en relèveras peut-être. Eh bien, oui, tu es jeune, tu es poète, tu es dans ta force. Essaye donc, moi je vais mourir. Adieu, adieu, je ne veux pas te quitter, je ne veux pas te reprendre, je ne veux rien, rien, j'ai les genoux par terre et les reins brisés ; qu'on ne me parle de rien. Je veux embrasser la terre et pleurer. Je ne t'aime plus, mais je t'adore toujours. Je ne veux plus de toi, mais je ne peux plus m'en passer. Il n'y a qu'un coup de foudre d'en haut qui pourrait me guérir en m'anéantissant. Adieu, reste, pars, seulement ne dis pas que je ne souffre pas. Il n'y a que cela qui puisse me faire souffrir davantage, mon seul amour, ma vie, mes entrailles, mon frère, mon sang, allez-vous-en, mais tuez-moi en partant. »

Elle entre en transe, en délire. A son tour, affolée, elle court, sentimentalement, toute nue devant nous. A partir de ce moment-là, c'est fini. Les malheureux se débattront encore, durant un mois, dans la monotonie affreuse d'une trop longue agonie. Quand Musset lui criait de Bade : « Je t'aime, ô ma chair et mon sang ! Je meurs d'amour, d'un amour sans fin, sans nom, insensé, désespéré, perdu », George lui répondait raisonnablement. Si, maintenant, c'est elle qui lui crie : « Mon seul amour, ma vie, mes entrailles, mon frère, mon sang, allez-vous-en, mais tuez-moi en partant » c'est lui qui reprend le contrôle de soi. Inéluctable polarité, vicissitudes opposées de la passion où l'homme et la femme sont devenus deux ennemis irréconciliables. S'il brûle, elle tiédit ; si elle flambe, il se glace; s'il est à terre, elle se guinde; si elle est pantelante, il est apaisé. Dans la lutte atroce, féroce, maintenant c'est George qui est vaincue, touche des épaules. Musset ne la piétine pas, mais il s'éloigne d'elle qui se roule avec son amour désolé comme avec un cadavre. Il y eut encore quelques sursauts, quelques tressaillements. Mais les tronçons étaient épuisés, sans force. C'est George pourtant qui eut le courage d'en finir. Elle partit pour Nohant, le 6 mars 1835, et Musset ne la rappela point.

# VII

On a beaucoup écrit sur la rencontre de George Sand et de Musset et sur les suites ; des flots d'encre ont coulé; toute une littérature s'est donné cours au sujet de cet amour ; la querelle des sandistes et des mussetistes s'est prolongée; dans ces derniers temps, on à mêlé à cette histoire le féminisme, le rousseauisme, comme disent M. Ernest Seillière et M. Pierre Lasserre, ou le roussellisme, comme désireraient qu'on dît M. Henri Brémond et M. P. de Nolhac. Musset, dans une lettre à George Sand, avait écrit : « La postérité répétera nos noms comme ceux de ces amants immortels qui n'en ont plus qu'un à eux deux, comme Roméo et Juliette, comme Héloïse et Abélard. » On sait combien et

(1) HENRI BRÉMOND : *Pour le Romantisme*. Paris, Blond et Gay. 1924.

comment la postérité a exaucé ce vœu, accompli cette prophétie. Mais si Musset avait pu prévoir tant de copie à quoi s'ajoute la mienne, tardive, sans doute il eût modifié le sixain testamentaire de *Lucie*, et supplié :

Mes chers amis, quand je mourrai,
N'allez pas jusqu'au cimetière.
Hélas! pour avoir tant pleuré,
J'ai bien droit à la paix entière,
Et pas de ragots de portière
Sur la tombe où je dormirai.

Quelques années plus tard, dans le *Poète déchu*, il dira bien : « Ma maîtresse était brune, elle avait de grands yeux ; je l'aimais, elle m'avait quitté ; j'en avais souffert et pleuré pendant quatre mois, n'est-ce pas en dire assez? » Et voilà qui est court et excellent. Mais quoi ! n'est-ce pas lui qui a commencé? Et parce qu'il avait écrit *La Confession d'un Enfant du Siècle* où George Sand devient Brigitte Pierson, lui-même Octave de T... et Pagello l'honnête Smith, George Sand avait écrit *Elle et Lui* où Musset devient Laurent de Fauvel, peintre, elle-même Thérèse Jacques, peintre et Pagello l'honnête Palmer ; et parce que George Sand avait écrit *Elle et Lui*, le frère Paul avait répondu par *Lui et Elle* où Alfred de Musset devient Edouard de Falconey, musicien, George Sand Olympe de

B... musicienne et Pagello, le jeune chirurgien Palmeriello ; et parce que Mme Louise Colet avait éprouvé le besoin de faire connaître au monde qu'elle avait été, elle aussi, la maîtresse du poète, elle avait écrit *Lui* où Musset devient Albert de Linel, George Sand : Antonia Back et Pietro Pagello : Tiberio Piacentini. Interprétations, déformations, romans à travers quoi il n'est pas aisé de démêler l'exacte vérité. Dans les dernières années du siècle dernier, on tâcha à établir cette vérité avec des documents, *leurs* lettres, celles des contemporains, des amis, des témoins. M. Paul Mariéton découvrait le journal de Pagello, le journal intime de George Sand, s'informait auprès de la sœur du poète Mme Lardin de Musset et publiait *Une Histoire d'amour* (1896). Et parce que M. Paul Mariéton avait écrit *Une Histoire d'amour,* M. le Vicomte de Spoelberck de Lovenjoul écrivait *La véritable Histoire de « Elle et Lui »* (1897). En 1900, M. Maurice Clouard publiait des documents inédits sur Alfred de Musset. En 1901, M. Charles Maurras mettait bien des choses au point avec *les Amants de Venise.* Enfin en 1904, par les soins de M. Félix Decori, la *Correspondance* avait paru. Et, par cette énumération, nous citons nos sources.

Il ne reste pas moins que c'est Alfred de Musset qui avait commencé avec *La Confession,* continué avec ses poèmes, les *Nuits*, la *Lettre à Lamartine*, le *Souvenir*, *A mon frère revenant d'Italie*.

Dans une lettre à George Sand qu'il lui avait adressée au mois d'août 1834, quand elle revenait de Venise avec Pagello, il avait annoncé : « Mais je ne mourrai pas, moi, sans avoir fait mon livre sur toi et sur moi, sur toi surtout ; non, ma belle, ma sainte fiancée, tu ne te coucheras pas dans cette froide terre sans qu'elle sache qui elle a porté. Non, non, j'en jure par ma jeunesse et par mon génie, il ne poussera sur ta tombe que des lis sans tache. »

Des lis sans tache ! Sachant ce qu'il savait, comment s'y est-il pris ?

Tout le monde connaît les belles pages du début de *La Confession* ; elles sont dans tous les recueils de littérature, sinon dans toutes les mémoires : « Pendant les guerres de l'Empire, tandis que les maris et les frères étaient en Allemagne, les mères inquiètes avaient mis au monde une génération ardente, pâle, nerveuse. »

Et cette génération est celle à laquelle appartient Musset. Il nous montre une jeunesse soucieuse, assise sur un monde en ruines, et il recherche les causes du malaise inexprimable qui commence à fermenter dans tous les jeunes cœurs et qu'on appelle le mal du siècle. Puis son héros,

Octave de T..., c'est-à-dire Musset lui-même, raconte à quelle occasion il fut pris par la maladie du siècle. C'est au cours d'un souper bruyant, après une mascarade. Octave ne s'ennuie pas du tout : il est assis en face de sa maîtresse et la regarde, en portant son verre à ses lèvres. Ayant laissé tomber sa fourchette, il se baisse pour la ramasser et il voit le pied de sa maîtresse posé sur celui d'un jeune homme assis à côté d'elle. « Leurs jambes étaient croisées et enlacées, et ils les resserraient doucement de temps en temps. » Il n'en faut pas plus, après les guerres de l'Empire, le retour des Bourbons et des prêtres, pour être pris par la maladie du siècle. Octave rentre chez lui, se couche ; mais les esprits de la vengeance l'animent avec une telle force qu'il se redresse tout à coup contre la muraille et descend de son lit en criant, les bras étendus, ne pouvant marcher que sur les talons, tant les nerfs de ses orteils sont crispés. Souvenir de Venise, apparemment. Octave se bat en duel avec son rival, est blessé, a la fièvre, s'échappe de son lit pour voler chez sa maîtresse, l'insulte naturellement et s'enfuit, après l'avoir frappée d'un revers de son poing fermé sur la nuque, « une nuque d'un noir d'enfer », la nuque de George Sand. Et il se remet au lit. Cette femme revient à son chevet, il veut la tuer. « Allons, Octave, mon enfant, me dit-elle en souriant et en m'embrassant, ne fais pas de folie. Viens, mon enfant, toutes ces horreurs te font mal ; tu as la fièvre. Donne-moi ce couteau. »

Encore un souvenir de Venise. Octave de T... est donc très malheureux. Un ami, Desgenais, qui a donné son nom à tous les froids raisonneurs, tâche à le consoler et lui parle d'une voix mordante dans le silence de la nuit. Alors, Octave se livre à la débauche, non pas « au libertinage honteux et secret qui avilit l'homme le plus noble ; mais dans le désordre franc et hardi, dans ce qu'on peut appeler la débauche en plein air, il y a quelque grandeur même pour le plus dépravé... dans le coureur des orgies bruyantes, on croirait presque à un guerrier ! »

Octave sera ce guerrier. Il en résulte une peinture violente de la débauche, dans une succession de pensées et d'images emphatiques et cruelles, parfois un peu naïves, le plus souvent resplendissantes.

Dans cette première partie de la *Confession* et, par un dédoublement bien curieux, Musset semble se décharger sur l'infidèle maîtresse d'Octave de T... de la rancœur qu'il a amassée lui-même contre George Sand. C'est une sorte de compromis entre le besoin d'exprimer ses griefs et l'engagement qu'il a pris d'auréoler George Sand. Cela fait, il va semer à pleines mains la graine des lis sans tache.

Un jour, Octave est appelé auprès de son père malade, à quelque distance de Paris. Il arrive trop tard ; son père est mort. Alors Octave vit à la campagne, dans le chagrin et la retraite. Dans une de ses promenades solitaires, Octave rencontre Brigitte Pierson ; c'est une jeune femme assez mystérieuse, dévote, charitable, jolie, avec de grands yeux noirs, veuve, jeune encore, plus âgée que lui cependant ; elle vit dans le village, fort retirée auprès d'une vieille tante malade. Bientôt Octave aime Brigitte et la plus fraîche idylle se déroule dans les paysages de Fontainebleau. La jeune femme résiste, mais déjà l'amour est dans son cœur, le jeune homme devient pressant. « Ne voyez-vous pas que je souffre et que mes nuits se passent à pleurer? N'avez-vous pas rencontré quelque part, dans ces forêts sinistres, un malheureux assis, les deux mains sur son front. N'avez-vous jamais trouvé de larmes sur ces bruyères? »

Ce ne serait pas chose aisée ! Des larmes sur la bruyère, autant en emporte le vent ! mais, par de telles phrases, une femme est émue. Tournons les pages, nous assistons à la chute de Brigitte; une telle chute, c'est une ascension.

« Nous respirions ensemble les tièdes bouffées qui sortaient des charmilles ; nous suivions au loin dans l'espace les dernières lueurs d'une blancheur pâle que la lune entraînait avec elle en descendant derrière les masses noires des marronniers... Je sentis qu'un hymne de grâce s'élevait dans mon cœur, et que notre amour montait à Dieu. J'entourai de mon bras la taille de ma chère maîtresse ; elle tourna doucement la tête : ses yeux étaient noyés de larmes. Son corps plia comme un roseau, ses lèvres entr'ouvertes tombèrent sur les miennes, et l'univers fut oublié ».

Et c'est, sans doute, transposée, la chute de George Sand entre les bras de Musset, à Paris, par un beau soir d'été de 1833, dans le petit appartement du quai Malaquais.

Il y avait deux jours qu'Octave était l'amant de Mme Pierson, de cette femme adorable, qu'il s'ingéniait à rechercher dans les gestes, dans les paroles, dans l'innocent passé de son ardente et tendre maîtresse, des raisons de jalousie et de souffrance, alors que les racines de cette souffrance étaient dans son passé à lui, dans son passé déjà si plein. Le sommeil changeait toutes ses résolutions : s'il s'endormait le cœur plein de tendresse, il se réveillait l'esprit chagrin, taquin ; s'il était parti la veille en maudissant, il accourait le lendemain pour bénir;

un quart d'heure après avoir insulté, il était à genoux ; dès qu'il n'accusait plus, il pleurait. Ah ! pour mieux blanchir M$^{me}$ Sand, Musset dépeint l'amant de M$^{me}$ Pierson sous de sombres couleurs.

Cette expérience durait depuis six mois entre ces infortunés, lorsqu'un jour en ouvrant un livre où Brigitte écrivait ses pensées, Octave tombe sur ces mots : « Ceci est mon testament », et il lit le récit de tout ce que Brigitte avait souffert par lui et pour lui. Alors, il veut partir, seul ; mais, dans le moment qu'il monte en voiture, il sent « deux bras qui lui serrent le corps et un sanglot qui se colle sur sa bouche ».

Ils partent ensemble, décidés à un long voyage ; ils viennent d'abord à Paris, pour faire les préparatifs nécessaires, et louent un appartement à l'hôtel. C'est ici que Smith entre en scène. Smith est un jeune homme pauvre mais honnête, modeste et bon ; il vient apporter à Brigitte des lettres de ses parents, pleines de remontrances sur son amour, son départ, etc., etc., puis il revient fréquemment. En les voyant l'un près de l'autre, en les observant, en constatant leur tristesse, Octave a des doutes, des soupçons, puis la certitude que Smith aime Brigitte et que Brigitte aime Smith. Il veut poignarder sa maîtresse, une nuit, pendant qu'elle dort ; mais la vue d'un petit crucifix d'ébène qu'il aperçoit, entre les deux seins de Brigitte, arrête son bras. A l'aube, il trouve un papier plié, tombé à terre, et il le lit, (l'enveloppe n'était pas cachetée) : c'était une lettre de Brigitte à Smith :

« Lorsque vous recevrez cette lettre, je serai loin de vous, et peut-être ne la recevrez-vous jamais. Ma destinée est liée à celle d'un homme à qui j'ai tout sacrifié ; vivre sans moi lui est impossible, et je vais essayer de mourir pour lui. Je vous aime, adieu, plaignez-nous ».

Cette femme est sublime. Le lendemain, Octave et Brigitte déjeunent aux *Frères Provençaux :* ils échangent deux bagues ; Octave part seul, en laissant Brigitte à l'honnête Smith.

La dernière partie de la *Confession,* c'est donc, transportée à Paris, l'aventure de Venise. Tout ce drame du doute, du soupçon, de la jalousie s'est déroulé à l'hôtel Danieli. Quelques-unes de ces scènes désolantes et désolées, entre Octave et Brigitte, ont eu lieu entre George et Alfred, dans la petite chambre où la forte Sand avait soigné et torturé un Musset fiévreux. Musset, en écrivant cette *Confession* croit encore ce que lui a dit George Sand à Venise, à savoir que Pagello n'avait pris que son cœur. Du moins, il feint de le croire. Mais il a tenu parole ; il ne s'est pas donné le beau rôle et il a mis sa maîtresse sur un piédestal ; il en a fait une victime, une sainte presque, et le roman finit comme un roman de M^me^ Sand, avec, pour la femme, tous les honneurs de l'amour.

Le cas Musset et George Sand, on le cite comme le type de l'amour romantique. On sait que de nos jours le romantisme et Jean-Jacques Rousseau sont fort malmenés, jusque-là qu'il vous prend envie de les défendre. Romantisme : amour de la rêverie et de la solitude ; mais plaignons de tout notre cœur ceux qui n'ont jamais rêvé et qui s'ennuient avec eux-mêmes, quand ils sont seuls; romantisme : sentiment trop vif des beautés de la nature; mais on ne saurait jamais trop admirer ces beautés ; et d'être ému devant la mer, la forêt ou la montagne ne signifie pas qu'on soit candidat au pessimisme, à la neurasthénie. Ne dit-on pas d'un site sauvage, d'un lieu mélancolique qu'ils sont romantiques? Il y a donc du romantisme dans la nature et n'y a-t-il pas eu des rêveurs, des solitaires et des amants de la nature avant Jean-Jacques Rousseau? Romantisme : gêne, malaise au sein de la société, inadaptation au milieu ; mais si la société est hostile ou simplement ennuyeuse, si le milieu est abject ou malodorant. Et le romantisme ne commence-t-il pas avec le premier couple humain? Adam et Ève se faisant chasser du Paradis terrestre n'ont pas pu s'adapter au milieu, bien qu'il fût délicieux. Romantisme : exaltation de l'amour, religion de l'amour, amour de l'amour. Mais n'y a-t-il pas eu des amants exaltés avant *La Nouvelle Héloïse* et la raison du succès de Jean-Jacques Rousseau n'est-elle pas d'avoir exprimé, sous une forme contagieuse, ce qui, chez tant d'hommes et de femmes, n'était qu'aspirations et troubles inexprimés? On peut ne pas écrire et être romantique. Les idées et les sentiments romantiques sont peut-être nécessaires à l'humanité, comme ces glandes dont la médecine a été longtemps à reconnaître les fonctions, et dont l'absence ou la déchéance de même que l'hypertrophie provoquent la maladie ou la ruine du corps humain.

Si une certaine dose de romantisme semble nécessaire, n'est-ce pas dans l'amour? « Je ne peux plus exagérer, disait Stendhal, je ne peux plus aimer. » L'amour, dans une société civilisée, est fatalement romantique. Pour l'élever au-dessus de l'instinct, du désir et du plaisir physique, il y faut le cœur et l'intelligence, le sentiment, la tendresse, le dévouement, le sacrifice, l'exaltation, l'imagination et, à un degré supérieur, la recherche de l'absolu, l'inquiétude de l'infini, le mysticisme. Romantisme, « empire de la femme, empire des éléments féminins de l'esprit sur les éléments virils (1) » ; mais si la nature de la femme est de s'épanouir dans la vie sensitive, celle de l'homme dans la vie active, dans une société où l'acte primitif, le sentiment naturel ont été enrichis par la littérature, la poésie, la courtoisie, la chevalerie, la femme, sous peine d'être toujours insatisfaite, ne doit-elle pas désirer qu'avec elle, par elle et pour elle, l'homme s'épanouisse, lui aussi, au moins le temps de sa jeunesse, dans la vie sensitive?

Il y a les ronds de cuir et les conquistadors, les terre-à-terre et les mystiques de l'amour ; entre ceux-ci et ceux-là mille variétés. Des amants exceptionnels, tels que Musset et George Sand, deux artistes, deux génies, élèvent dans le monde le niveau de l'amour, comme les ascètes et les saints le niveau de la vertu.

Aux contempteurs de l'amour romantique, Alfred de Musset a d'avance répondu :

« Il est certain, dit-il quelque part dans la *Confession*, qu'il y a dans l'homme deux puissances occultes qui combattent jusqu'à la mort : l'une, clairvoyante et froide, s'attache à la réalité, la calcule, la pèse et juge le passé ; l'autre a soif de l'avenir et s'élance vers l'inconnu. Quand la passion emporte l'homme, la raison le suit en pleurant

(1) PIERRE LASERRE : *Le Romantisme français*. Librairie Garnier frères.

et en l'avertissant du danger; mais dès que l'homme s'est arrêté à la voix de la raison, dès qu'il s'est dit : C'est vrai, je suis un fou, où allais-je? la passion lui crie : Et moi, je vais donc mourir? »

Le beau cri de détresse!

## VIII

Le poète, à partir de ce moment-là, se sentit déchu et se complut, se drapa dans sa déchéance.

« Il me semblait que toutes mes pensées tombaient comme des feuilles sèches, tandis que je ne sais quel sentiment inconnu, horrible, triste et tendre, s'élevait dans mon âme. »

Il ne travailla pas pendant les quatre premiers mois de l'année 1835 ; mais, après la rupture définitive avec George Sand, il se jeta dans le travail, pensant y trouver un dérivatif, une consolation, aussi des subsides. Il travaillait plus par nécessité que par goût. Il n'était pas de ceux qui peuvent s'abîmer dans un travail continuel, assidu. Pourtant, cette année 1835 fut féconde : c'est qu'après un grand amour qui se termine dans une agonie longue et terrible, dans des convulsions effroyables, il y a toujours une période où l'on éprouve un sentiment de délivrance, de liberté, une période de réaction et de fortes résolutions. On se dit qu'une femme n'est pas tout l'univers, qu'il y a la nature, l'art, l'amitié, tant de choses qui valent la peine qu'on vive, et aussi les autres femmes. Musset venait de faire la connaissance d'une femme délicieuse : M^me^ Caroline Jaubert, pas jolie, mais infiniment spirituelle, une petite femme, « la plus petite de toutes », une main d'enfant, un pied de mandarine. Ses amis lui demandaient ses pantoufles pour en faire des objets d'étagère. Elle avait épousé le conseiller Maxime Jaubert et, épouse fidèle, mangeait la miche conjugale au fumet des histoires amoureuses des personnes de son entourage. C'était une voyeuse sentimentale. Elle aimait les potins, ceux qui intéressent le cœur par-dessus tout. Pour avoir baptisé Alfred de Musset « le Prince Café », « le Prince Phosphorus de Cœur volant », elle fut sa marraine et lui, le *fieux*. Il s'établit bientôt entre eux « un sentiment sans nom », mais qui durera ; moins jaloux que l'amour, plus galant que l'amitié, un sentiment entre chien et loup et qui nous a valu du fieux à la marraine des lettres charmantes. Il lui faisait ses confidences; par exemple, il lui racontait qu'une belle malade, très bien portante et à demi pâmée, attendait de lui quelques secours indispensables à sa santé, un soir, dans une voiture fort

douce, mais très froide, vu la température du moment, et qu'il avait compris, senti et même raisonné la nécessité urgente où il se trouvait de passer le pont des Arts; mais qu'il n'avait rien pu trouver dans sa poche, de sa poche de côté. Et cette poche de côté était, de la part de la marraine, le sujet de mille plaisanteries.

Des affections tendres, dévouées, entouraient Alfred de Musset : une mère qui l'adorait, une sœur qui le chérissait, un frère qui se glorifiait de lui. Il n'était pas abandonné.

Un jour de ce printemps de 1835, il est allé aux Tuileries, jardin qui commence d'être à la mode et où les beaux fils viennent lorgner les jolies bourgeoises. Il a senti les effluves de la jeune saison, de ce printemps de Paris où la ville semble fleurir en femmes et, sous les marronniers en fleurs, il a composé quelques vers :

Poète, prends ton luth et me donne un baiser.

Il rentre chez lui, travaille toute la nuit, puis toute la journée et encore la suivante nuit ; dans sa pauvre chambre, il veut que le décor corresponde à son illumination intérieure; il illumine, allume douze bougies, ce qui était beaucoup pour l'époque, et il écrit la *Nuit de Mai,* deux cents vers en quelques heures.

Dans cette *Nuit de Mai*, deux sources semblent réunir leurs eaux claires et sombres, sans les mêler toutefois, sans les confondre. L'une de ces sources est l'âme douloureuse et exclusive du poète, l'autre source est son âme printanière et universelle, ouverte aux plus vives impressions de la vie. La Muse lui dit :

> Rien ne nous rend si grands qu'une grande douleur.
> Les chants désespérés sont les chants les plus beaux.

Mais si, à cette fois, le poète ne veut pas chanter son dur martyre, nous prévoyons que bientôt il le chantera et que, docile aux suggestions de la Muse, il laissera s'élargir la sainte blessure que les noirs séraphins lui ont faite au fond du cœur !

Il avait revu ses amis, un Alfred Tattet, un prince Belgiojoso. A Alfred Tattet qui traversait un chagrin d'amour, il écrivait que lui-même en était là, il y a tantôt huit ou neuf mois, que le bon temps est peut-être celui où l'on est chauve, désolé et pleurant, que tout ce qui fait vivre est bon et sain.

Il regrette ce temps-là; il pense que la souffrance est bonne et saine. Allons ! il ne veut pas oublier George Sand et ne fait rien pour cela. Et d'ailleurs, voudrait-il l'oublier, reconnaissons que les circonstances et la personnalité de George Sand ne s'y prêtent point. Ah ! si elle avait été une femme ordi-

naire, rentrée dans la foule et dans l'ombre ! Mais elle était une femme publique, au sens glorieux du mot. Elle occupait l'opinion, on parlait d'elle à chaque instant, de ses écrits, de ses amours. Et l'on sait comme un potin, une anecdote, même le seul nom prononcé ou imprimé peut émouvoir un amant malheureux et rouvrir la blessure. George avait donné un successeur à Musset et c'était l'avocat Michel de Bourges. En lisant telle *Lettre d'un Voyageur,* Alfred devait être frémissant, bouleversé. Ah ! ce n'est pas ainsi qu'on le rendrait républicain, ni socialiste.

A la fin de cette année 1835, il écrivait la *Nuit de Décembre.* Ce n'est plus un dialogue avec la Muse, mais un triste monologue du poète qui se retrace sa vie. Il se revoit écolier, adolescent, amoureux pleurant sa première misère, libertin, orphelin, enfin voyageur désespéré :

> Partout où j'ai voulu dormir,
> Partout où j'ai voulu mourir,
> Partout où j'ai touché la terre,
> Sur ma route est venu s'asseoir
> Un malheureux vêtu de noir
> Qui me ressemblait comme un frère.

Ce soir, il songe à Elle, à l'orgueilleuse qui n'a pas su pardonner; mais il a un sursaut d'orgueil :

> Qui vous perd n'a pas tout perdu.

Il sent son cœur jeune et vivace, prêt à souffrir encore. Souffrir, toujours souffrir ! L'homme ne doit donc pas poursuivre le plaisir, le bonheur, mais la douleur. Dans cette *Nuit de Décembre*, Musset nous apparaît comme un épicurien de la souffrance.

Et, deux mois après, il écrit à une M^me^ Olympe Chodsko :

« Picrocholine, avez-vous bien dormi ? Le souper a-t-il bien passé ? — Ah ! que vous étiez charmante sous le masque ! Sous le masque, vous êtes divine ; vous êtes une hostie et l'on vous mangera. »

A-t-il mangé cette hostie de Picrocholine ? Souhaitons-le vivement : Picrocholine ou la galante communion. Apparemment, Picrocholine a été mangée en vitesse. Passe-temps, passade.

Tout de suite après Picrocholine, un soir de février 1836, il lit les *Méditations* et il écrit la *Lettre à Lamartine*.

Lamartine n'a-t-il pas souffert par l'amour, lui aussi ?

Cela crée entre les deux poètes une confraternité dont Musset s'autorise pour raconter à l'amant d'Elvire, son aventure à lui, l'amant de George. Il y a là un tableau de Paris pendant le carnaval et qui met, par la corruption, au rang de la Rome des Césars, ce Paris de Louis-Philippe.

Partout retentissait comme une joie étrange;
C'était en février, au temps du carnaval,
Les masques avinés, se croisant dans la fange,
S'accostaient d'une injure ou d'un refrain banal.

Cependant des vieillards, des enfants et des femmes
Se barbouillaient de lie au fond des cabarets,
Tandis que de la nuit les prêtresses infâmes
Promenaient çà et là leurs spectres inquiets.
On eût dit un portrait de la débauche antique,
Un de ces soirs fameux, chers au peuple romain,
Où des temples secrets la Vénus impudique
Sortait échevelée, une torche à la main.

Est-ce une impression du dernier carnaval avec Picrocholine? J'incline plus volontiers à penser que c'est un souvenir du carnaval de l'année précédente, quand Musset, en pleine agonie de leur amour, écrivait à George Sand :

« Malgré que nous soyons aujourd'hui dans toute cette tristesse des jours gras, voudras-tu me donner un quart d'heure d'adieu? »

Et combien de beaux vers encore, dans cette *Lettre à Lamartine*, sur l'adieu, la séparation, les liens brisés, la nécessité pour l'homme de changer de misère ! Comme il pense à George Sand !

Une *Nuit de Juin* ne fut jamais écrite : nous n'en avons que les quatre premiers vers. Alfred Tattet était venu chercher Musset, pour dîner avec quelques amis. La Muse dut s'en retourner seule, pensive, dans la nuit de juin. Ce serait pour un autre jour, pour une autre nuit. Au lendemain du dîner avec Tattet, Alfred n'avait plus envie de travailler; il allait chez Bernerette, de son vrai nom Louise, une grisette qui demeurait dans sa maison et qu'il avait connue de fenêtre à fenêtre, comme dit la chanson.

Cependant la Muse attendait l'heure où l'appellerait son ami bien-aimé. Il ne l'appela qu'au mois d'août, et elle accourut, la Muse blonde et sans rancune. Elle fait des reproches à celui qui s'enfuit pour revenir si tard. Ah ! comme elle se plaint tendrement, dignement :

Ton cabinet d'étude est vide quand j'arrive ;
Tandis qu'à ce balcon, inquiète et pensive,
Je regarde en rêvant les murs de ton jardin,
Tu te livres dans l'ombre à ton mauvais destin.
Quelque fière beauté te retient dans sa chaîne.

Quelque fière beauté? Ce n'est pas Louise la grisette, fille de petite condition. La Muse veut dire sans doute la princesse Belgiojoso.

Hélas! mon bien-aimé, vous n'êtes plus poète,
Rien ne réveille plus votre lyre muette.

Ainsi parle la Muse et c'est aussi, j'imagine, une mère, le frère Paul, les amis qui parlent par sa bouche et encore la conscience du poète. Et la

Muse lui rappelle les beaux jours d'autrefois, quand il avait dix-huit ans et qu'il suivait les allées du Bois de Boulogne, rêvant ou bien lisant les poésies d'André Chénier. En vain elle lui dit que les passions funestes rendent le cœur de pierre au contact des méchants, il veut aimer, toujours aimer :

J'aime et je veux pâlir; j'aime et je veux souffrir;
J'aime et pour un baiser je donne mon génie.
J'aime et je veux sentir sur ma joue amaigrie,
Ruisseler une source impossible à tarir.
. . . . . . . . . . . . . . . . . . .
Après avoir souffert, il faut souffrir encore;
Il faut aimer sans cesse après avoir aimé.

Ah ! George Sand, quel mal vous avez fait ! Mais êtes-vous seule responsable? Le poète y mettait beaucoup du sien. Chez lui, l'amour s'accompagne de pâleur, de pleurs, de douleur. Pour lui l'amour n'est pas l'échange de deux fantaisies, le contact de deux épidermes (Chamfort), la tendre société de deux cœurs unis (Bossuet), non plus l'acte nécessaire à la continuation de l'espèce, et la continuation de l'espèce est le moindre de ses soucis. Non, pour lui, et par une sorte de mysticisme, de sadisme poétiques, l'amour, c'est une course échevelée à la douleur. La douleur ! ne lui a-t-elle pas dicté ses plus beaux vers? Il veut entretenir cette source sacrée de poésie, plonger son cœur dans les eaux noires et amères, puis presser ce cœur devant nous, comme une éponge. Sa poésie, et l'on ne peut séparer sa vie amoureuse de son œuvre, c'est la religion du douloureux cœur de Musset, religion dont il est à la fois le dieu, le prêtre et la victime. Et n'a-t-il pas dit de Don Juan, dans *Namouna* :

Tombé comme le Christ pour aimer et souffrir.

En lui, il y avait toujours Octave et Cœlio, un Octave mûri, meurtri, un Cœlio plus amer. Et, si l'on parle sans hypocrisie, il est permis de supposer qu'aux mauvais jours d'imagination érotique, il allait chez ces femmes, savantes dans leur partie, avec lesquelles les émotions de la conquête et de la rupture peuvent tenir en quelques heures, en quelques minutes.

Il attendait un amour tourmenté. La femme qui vint alors dans sa vie amoureuse ne le lui apporta point.

# IX

Il avait rencontré chez sa marraine une jeune fille, Aimée-Irène d'Alton. Elle était réellement fille d'un officier supérieur : son père, Alexandre d'Alton, baron de l'Empire, avait été général de brigade, puis employé à l'état-major général de la Grande Armée. Née à Hambourg, le 20 septembre 1811, elle était, à un an près, de l'âge de Musset. Elle avait été élevée très librement, à l'anglaise, comme on disait en ces temps lointains; elle avait de l'esprit et brillait dans le salon de Mme Jaubert, laquelle était sa cousine. Elle aimait les arts et la littérature, surtout la poésie. Elle raffolait des *Contes d'Espagne et d'Italie* et la *Confession d'un enfant du siècle* était son livre de chevet. Elle avait vingt-cinq ans, lorsque Musset la connut. Et si différente physiquement de George Sand. En nous traçant dans le *Fils du Titien* le portrait de Béatrice

Donato, Musset nous a tracé le portrait d'Aimée d'Alton : des cheveux blonds, des yeux bleus, « non pas de ce bleu clair et indécis qui est tour à tour gris ou verdâtre », mais d'un azur pur comme le ciel; un front blanc comme la neige, des joues roses comme les roses, un nez effilé « comme celui du buste antique qu'on a appelé l'Amour grec ». Au-dessous, dit Musset (et quel désordre si elle eût été au-dessus !) « une bouche vermeille, ni trop grande, ni trop petite, laissant passer, entre deux rangées de perles, une haleine fraîche et voluptueuse »; le menton bien formé et légèrement arrondi; un cou long, sans un pli. Ils avaient d'abord été gentils camarades; mais, un matin, Musset envoya des vers :

> Charmant petit moinillon blanc,
> Charmant petit moinillon rose,

à cause que la veille, après une soirée chez la cousine, elle était partie, la tête enveloppée d'un capuchon blanc sous lequel elle était ravissante. Ah ! le joli petit moinillon blanc, s'était écrié Alfred. Et le lendemain, il lui envoyait des vers roses et blancs, sucrés, parfumés comme un sac de fondants.

> Un compliment sur sa mantille
> Et des bonbons à la vanille.

Une politesse en vaut une autre. Aimée avait répondu par l'envoi d'une petite plume dans une petite boîte en bois de santal. Intention gracieuse vraiment : Musset était paresseux; il comprit qu'on l'invitait ainsi à travailler. Un autre matin, il reçut encore une petite boîte; et, cette fois, dans la boîte, il y avait une jolie bourse en filet et, dans la bourse, un petit billet qui disait : « Quel accueil vous fera-t-on, ma chère petite bourse? Direz-vous tout le plaisir qu'on a eu à vous faire? » Et c'est le monologue de M^me^ de Léry dans la première scène du *Caprice*. Et le petit billet disait encore : « Ne dépense pas trop légèrement ce que je renferme; quand tu sortiras de chez toi, charge-moi d'une pièce d'or; c'est assez pour un jour. »

Musset était joueur, allait au tripot où il perdait tout son argent, et Aimée lui donnait encore une leçon.

Les petits cadeaux qui entretiennent l'amitié peuvent être aussi les truchements de l'amour. A l'envoi de la petite bourse, Alfred répondait par une déclaration.

« La main me tremble en vous écrivant... Recevez donc cette lettre, comme j'ai reçu votre envoi, avec étonnement peut-être, mais dites-vous que c'est un cœur vrai que vous avez fait battre... Oui, il y a quelque amitié pour moi dans cette petite main qui a fait ce petit travail si fin, si précieux; il y a une pensée de vous sur chacun de ces petits fils déliés, il y a du moins un regard sur chacun d'eux. Quand reviendrez-vous? (Elle était partie pour Châlons-sur-Marne). Y serai-je encore? (Il était question qu'il partît pour Madrid, comme attaché d'ambassade, avec des instructions secrètes; il s'agissait des mariages espagnols). Un mot dur de vous me ferait plus de mal que le reste ne m'a fait du bien, car je vous connais maintenant et je vous aime, et ni vous, ni moi n'y pouvons rien. »

Nous n'avons pas la réponse de M^lle^ d'Alton; (nous n'avons aucune lettre d'elle à Musset); mais sûrement elle lui a dit : A quoi bon? vous allez partir pour l'Espagne. Alors, lui, répond que ce n'est pas fait : « ce qui était mon unique désir, il y a un mois, me désole aujourd'hui ». Ah! qu'il est amoureux! Il a une occasion admirable de voir enfin l'Espagne (*Contes d'Espagne*), les Andalouses au sein bruni, de vérifier si la place San Bernardo est toujours à la même place. Il y renonce. Aimée lui dit : — « Etes-vous bien sûr de m'aimer? » Il lui répond : — « Je crois vous aimer, enfant, et je ne me trompe pas. » Elle lui dit qu'elle ne se porte pas à merveille, qu'elle passe ses journées sur une chaise longue. Il répond : « Votre santé, dites-vous, est un obstacle invincible; je n'en connais pas à l'amour et une chaise longue n'est pas un si vilain meuble pour en dire du mal. »

Elle a des craintes, des doutes, elle se méfie, elle connaît le caractère et l'expérience de l'enfant du siècle. Et l'enfant du siècle répond : « Faire de grands rêves et vouloir les réaliser est la première, l'inévitable condition des grands cœurs. La première expérience, Aimée, consiste à souffrir; elle consiste à trouver que les rêves *absolus* ne se réalisent jamais; ou que, réalisés, ils se flétrissent et meurent au contact des choses de ce monde. Cependant on vit, et il faut aimer pour vivre encore. On aime avec crainte, avec défiance, et peu à peu on regarde autour de soi et on s'aperçoit que la vie n'est pas aussi triste qu'on l'avait jugée; on revient au bonheur, à Dieu, à la vérité. Le cœur plus résigné jouit mieux des jours heureux; il les appelle avec plus d'ardeur, les prolonge avec plus de soin. Il en vient enfin à se dire : le mal n'est rien, puisque le bonheur existe. » Et il faut croire qu'Aimée, dans ses lettres, ne fermait pas toutes les portes de l'espoir, qu'elle réservait une porte de sortie ou d'entrée, puisqu'Alfred termine par ces mots : « Mais venez le plus tôt possible, ne le pourriez-vous pas si vous vouliez? » Pourtant, elle lui conseille encore de partir pour l'Espagne. Mais il est trop tard; il a envoyé promener la diplomatie, l'ambition et toutes les reines d'Espagne passées et futures ! « Je reste, je ne veux entendre parler que de vous. » Aimée lui a écrit : « Tu peux me trahir, m'humilier jamais. » L'imprudente, elle l'a tutoyé et ce « tu » pour lui est un aveu, une promesse, un engagement. Alors, qu'elle vienne ! Qu'attend-elle ? « Si vous ne voulez pas venir, baisez un petit morceau de papier blanc et envoyez-le-moi. Si vous aimiez, vous viendriez. » Elle baise un morceau de papier blanc, en attendant mieux, et elle l'envoie. Il le baise à son tour, il le suce tout entier, il l'aurait dévoré, « s'il était permis de faire disparaître en l'avalant, une chose si précieuse ». Jamais il n'a rencontré une femme aussi franche, aussi vraie. Jamais il n'a vu tant de cœur et tant de noblesse et si peu de coquetterie. Elle lui a avoué qu'elle avait la tête rasée et qu'elle portait une petite perruque, mais qu'elle viendrait au mois de mai. Il pleure de joie.

« Et quand je pense au mois de mai... quand je me dis qu'une âme si belle, si candide habite un corps aussi blanc qu'elle, mon amour, qu'ai-je fait pour être si heureux ? Ah ! que tu as raison de venir avec les fleurs, avec la verdure, avec la saison du soleil ! Appelle-moi fou, si tu veux... il me semble qu'à ton premier baiser, il va m'éclore une fleur dans le cœur. Et vous osez parler de chagrins !

Vous osez concevoir quelque inquiétude. Dieu ne ment pas, ma rose blanche, et il mentirait si nous n'étions pas heureux ! C'est avec la simplicité des anges que vous êtes venue à moi; c'est en souriant et sans hésiter que vous m'avez fait un aveu que les femmes vendent au prix de mille tortures, de mille comédies et de mille épreuves. Je ne sais si en vous voyant, je vais me jeter sur vos lèvres, ou tomber à genoux devant vous, chère, chère Aimée la bien nommée, que je suis heureux de vivre et de t'avoir connue.

Quant à la petite perruque, ça n'a aucune importance; au contraire : « J'adore déjà votre petite perruque. Est-elle bien pareille à vos cheveux? Vous donne-t-elle toujours ce petit air de beau page lutin? Ah ! comme je l'aimerai sur cette tête où elle tiendra comme elle pourra, quand je l'y verrai ! »

« Mon gamin d'Alfred », disait George. L'amour ne connaît pas d'obstacle. Qu'importe la perruque, pourvu qu'on ait l'ivresse ! Ces premières lettres à Aimée, printanières, impatientes, montrent encore plus de juvénilité, d'élan que les premières lettres à George Sand. Elles montrent aussi de la gourmandise. C'étaient le génie, la célébrité qui avaient tout d'abord attiré le poète vers la romancière. Certes, il n'avait pas été insensible aux yeux noirs, au teint mat, aux reflets de bronze, à la noire chevelure, et il n'y avait pas là de perruque. Mais Aimée, au teint de lis et de roses, fraîche, blonde, grasse, lui faisait venir l'eau à la bouche.

« Où nous verrons-nous? » avait demandé Mlle d'Alton.

Elle est revenue à Paris; elle descend chez une amie, rue Saint-Lazare. Où nous verrons-nous? Musset demeure rue de Grenelle, à la fontaine de Bouchardon. L'appartement n'est pas bien grand, et il y a là-dedans une mère, un frère, une sœur, trois domestiques. Mais puisqu'elle lui a dit : « Je suis à vous dès l'aube », plus de danger, plus de difficultés. Qu'elle vienne donc entre 7 et 8 heures du matin! A cette heure, maîtres et valets ronflent sur les deux oreilles. Pour aller de la rue Saint-Lazare à la rue de Grenelle, il faut une demi-heure à un fiacre qui va mal et un quart d'heure à un fiacre qui va bien. Elle entrera dans la cour; il la guettera à sa fenêtre, derrière les rideaux, ce dandy! Il ira au-devant d'elle jusqu'au bas de l'escalier (ô Brummel, ô Byron!) Une fois montée et enfermée dans la chambre de l'ami, on ne soupçonnera même pas sa présence. « Sortir est facile. » Parbleu! l'important c'est qu'elle entre! « O bel ange, quel jour, quelles pensées! Tes lettres me rendront fou. Adieu, adieu, mille baisers sur tes lèvres, sur ton corps, sur ton cœur. Je t'envoie un petit papier, envoie-m'en un, je t'en supplie, qui ait touché ton cou, tes épaules, tout toi. »

Au reçu de cette lettre, M^lle d'Alton exécute un si-sol et Alfred, avant d'ouvrir la réponse d'Aimée à cette lettre, a exécuté précisément le même pas. Télépathie, télépathie ! Entre 7 et 8 heures, c'est de bien bonne heure, peut-être? Mais elle est amoureuse et faut-il qu'elle le soit ! Elle se lève à six heures, à sept heures elle est coiffée (si l'on peut dire), habillée, parée, elle saute dans un fiacre et un beau matin, ah ! si beau ! elle est rue de Grenelle, dans la petite chambre. Rien ne s'oppose à ce que tout se soit passé entre Alfred et Aimée, comme entre Pippo et Béatrice dans le *Fils du Titien*. En un clin d'œil, la bouche du jeune homme est sur la bouche de la jeune femme.

« Mais elle le repoussa doucement et lui dit en secouant la tête avec une tristesse pleine de grâce :
— « Vous ne m'aimez pas, vous n'aurez pour moi qu'un caprice; mais je vous aime et je veux d'abord me mettre à genoux devant vous. » — Elle s'inclina en effet : Pippo la retint vainement en la suppliant de se lever. Elle glissa entre ses bras et s'agenouilla sur le parquet. »

N'en doutons pas, Aimée s'est agenouillée sur le parquet. Elle dut se donner royalement, avec sa petite perruque. C'était une enfant sentimentale et sensuelle. Et puis, elle avait conçu un projet qui ennoblissait son amour. Elle avait résolu d'arracher son amant à la vie déréglée qu'il menait. « Elle savait qu'en lui, malgré ses désordres, le feu sacré de la poésie n'était pas éteint, mais seulement couvert de cendres et elle espérait que l'amour ranimerait la divine étincelle. »

Et, par le fait, elle eut sur Musset, comme on dit, une bonne influence. Il travaillait avec assiduité, sans surexcitation.

Le 15 juin 1837, le *Caprice* paraissait dans la Revue. Aimée était ravie : le point de départ de ce joli acte, n'était-ce pas la petite bourse en filet? Et une femme est toujours contente, quand elle se retrouve, s'il écrit, et sous une figure sympathique, dans les écrits de celui qu'elle aime.

Ils furent heureux les premiers mois. Les premiers mois, on est toujours heureux. Mais les rendez-vous, rue de Grenelle, à côté d'une mère, une sœur, c'est gênant, et le bruit des soupirs peut traverser les cloisons. Alors ils font leur nid rue Tronchet, « un petit entresol de deux pièces très propres, dans une maison bourgeoise. C'est tout neuf, personne n'y a logé ».

L'appartement en face sur le carré a pour locataire un certain Volant, intendant militaire qui est toujours en Alger, par conséquent peu incommode voisin. Aimée se donnait sans compter, en série, prouvait trop à son amant qu'elle l'aimait. C'était trop de bonheur pour Musset.

Un jour du mois de septembre, il écrit à son amie qu'il a eu un moment d'atroce tristesse. Il pense à la *Nuit d'Octobre*. C'est le dernier dialogue mystique avec la Muse. Le poète se croit guéri :

Le mal dont j'ai souffert s'est enfui comme un rêve.

Il a retrouvé son vieux cabinet d'étude; il travaille, il semble heureux. Pourtant il faut qu'il raconte encore une fois l'histoire de sa souffrance, et cela n'est pas très bon pour lui, ni pour Aimée. Mais la Muse et Aimée peuvent être tranquilles : il racontera l'histoire de sa souffrance sans colère et sans fiel. Hélas ! est-ce possible? A peine il a tiré les premiers accords de sa lyre, il s'échauffe, il se souvient trop : « Perfide, audacieuse ! Va-t'en, retire-toi, spectre de ma maîtresse ! » La Muse s'alarme :

Apaise-toi, je t'en conjure,
Tes paroles me font frémir,
O mon bien-aimé, ta blessure
Est encor prête à se rouvrir.

Cette objurgation ne l'arrête pas; il poursuit, il insulte, La Muse tâche à le ramener au pardon, à l'oubli; elle lui donne toutes les raisons de vivre. N'est-il pas jeune, heureux, partout le bienvenu? N'y a-t-il pas ces plaisirs légers qui font aimer la vie? un verre de vin avec un vieil ami; et encore les prés, les fleurs, la verdure, Michel Ange et les arts, Shakespeare et la nature? N'as-tu pas maintenant une belle maîtresse? (Aimée d'Alton.)

J'imagine que Musset dut faire encore, dans sa pauvre chambre, la grande illumination, comme pour la *Nuit de Mai;* qu'il dut préparer le petit souper, allumer les douze bougies. Mais, à cette fois, les douze bougies, ce sont douze cierges qui brûlent autour du catafalque où est enfermée l'amante de Venise. Le poète et la Muse chantent une messe magnifique. Quand le poète invective, on croit entendre un terrible *Dies irae* et la Muse répond par le plus noble *Requiem*. Alors, le poète donne l'absoute :

Tu dis vrai, la haine est impie.
L'instant suprême où je t'oublie
Doit être celui du pardon.

Aimée d'Alton ne s'y trompa certainement pas : l'amant de Venise n'oubliait pas, ne pardonnait pas. A tant d'accents pathétiques, elle dut être bouleversée. Elle voulait que son amant redevînt un grand poète, il le redevenait. Cette *Nuit d'Octobre* était la plus belle des quatre; mais le vers qui pouvait flatter Aimée :

> Par les yeux bleus de ma maîtresse.

était là un peu comme une aumône. Cette nuit d'octobre, c'était l'autre, l'ancienne maîtresse, la femme à l'œil noir qui l'avait inspirée.

Il y eut des disputes; Aimée était jalouse et gentille, faisait des scènes et de petits cadeaux : une bourse encore ! Elle ne portait pas de bagues, Alfred a l'idée de lui en donner une, probablement pour le premier de l'an 1838. Le lendemain, elle en a trois autres. Il lui écrit : « Crois-tu de bonne foi que ce soit bien, comme tu dis? Ces choses-là me font frissonner malgré moi — ne te fâche pas. — Elles sentent la femme et me rappellent le passé ! »

Elle a voulu qu'il travaille, eh bien ! il travaille. Mais s'il travaille, il ne peut pas la voir aussi souvent qu'il et, surtout, qu'elle le voudrait. Universelle loi de compensation : toute chose a deux faces, tout panier a deux anses. Il ne peut pas faire l'amour et de la copie, satisfaire Buloz et Aimée, tous deux exigeants. Le directeur de la Revue attend des vers, un proverbe. Musset doit s'enfermer, pour pouvoir « livrer » à temps ce qu'il a promis. A chaque instant, Aimée reçoit un court billet : c'est Alfred qui s'excuse de n'avoir pu venir là-bas (rue Tronchet). Elle se plaint, elle gémit et elle reçoit un autre court billet : Viens ! Viens ! Et puis les fonds sont bas, tellement bas qu'Alfred lui annonce le 9 mars qu'il ne faut plus songer à garder la petite chambre. Pauvreté ! Pauvreté ! Il est obligé d'écrire à contre-cœur « des drogues », pour gagner un peu d'argent, pour boucher des trous. « Autant être marchand de chandelles ! » Sa destinée est faite, voilà son lot. Il est triste, découragé. Soyez donc amoureux dans ces conditions. L'amour est un sentiment de luxe, bon pour les oisifs. Alors Aimée craint que tout cela ne soit des préparations pour la quitter. Pas du tout, pas du tout. Il l'aime, seulement « ils sont pauvres, tous deux, peu heureux, séparés, voilà le fait ». Aimée offre de lui venir en aide : il refuse dignement; de l'épouser : il refuse poliment.

Il était attiré par deux étoiles nouvelles : Pauline Garcia, Rachel. Une grande dame, la princesse Belgiojoso, commençait aussi à l'occuper.

Et dans le cœur de George Sand, Malefille, le précepteur de son fils Maurice, avait succédé à Michel de Bourges, puis Chopin à Malefille;

Chopin, un autre génie, et l'on parlait beaucoup de ce nouvel amour.

Des souvenirs assaillaient Musset. Alors, Aimée n'était pas très heureuse. Malgré vingt appellations hypocoristiques, telles que Moinillon, Minouche, poupette, nymphe poupette, elle ne se sentait pas adorée. Leur liaison devenait la plus banale, la plus bourgeoise habitude, sans exaltation, sans romantisme.

Cependant, le *Fils du Titien* paru dans la Revue (1er mai 1838) semble avoir créé un rapprochement : cette fois, c'était bien elle l'héroïne de cette nouvelle qui, dans l'entourage, avait excité l'enthousiasme. On la reconnaissait sous le nom et les traits de Béatrice Donato, et Musset sous ceux de Pippo. La signora Dorothée, c'était la cousine et marraine Caroline Jaubert et l'avogador Pasqualigo, c'était M. Maxime Jaubert. Dans ce *Fils du Titien*, on trouvait l'histoire de la petite bourse, encore, et le sonnet que le poète avait adressé à Mlle d'Alton dans les commencements de leur amour :

> Lorsque j'ai lu Pétrarque étant encore enfant...

Le 3 mai, Alfred écrit à Aimée :

« Ainsi, puisque ma rose blanche en a eu l'idée, nous nous en tiendrons à la petite débauche que nous tâcherons de faire la plus grande possible. — Et nous verrons si je deviens amoureux, j'en ai diablement peur. Ce serait terriblement dangereux après un an de mariage, n'est-il pas vrai? tu es le meilleur cœur, la plus mauvaise tête, la plus belle fille, et la plus divine amie que je connaisse. »

Les amants ne savent toujours pas où loger ! Le poète ne trouve que de petits garnis « dans son chien de quartier, mais tout à fait auberges, avec du monde et un écriteau à la porte. » Ils vont de chambre en chambre. « Veux-tu, mon bel et adoré amour, être en fiacre demain, à deux heures, rue Saint-Dominique, au coin de la petite rue qui mène à Saint-Thomas-d'Aquin? » C'est la crise du logement. Pourtant, il n'y a pas des milliers d'étrangers à Paris, en ces années 1838 ; les Alliés sont venus en 1814, mais ils sont venus en ennemis; ils sont repartis assez vite.

Alfred a eu un regain de tendresse et de désir, mais tout est retombé bientôt dans l'habitude. Si Aimée est au lit, souffrante, il part pour Bury, à Montmorency, chez la mère d'Alfred Tattet. « C'est un peu drôle que j'aille courir les champs, pendant que tu es au lit à souffrir; mais ce n'est pas d'abord une grande partie de plaisir qu'un grand dîner, même à la campagne et ensuite j'ai si peu d'occasions de prendre l'air. — Je t'aime, je t'embrasse et t'aime. » Habitude, lassitude, l'aventure traîna encore durant quelques mois.

Aimée était simple, douce, fidèle, bonne, ne sachant pas faire souffrir. Alors à quoi était-elle bonne? C'était elle qui souffrait, qui pleurait. Quelle infériorité ! Maîtresse de tout repos; mais ce n'est pas dans le repos que cet anxieux Musset pouvait aimer, ce qu'il appelait « aimer ». Il était trop sûr de la trouver, quand il la désirait. A la fin, elle se lassa de n'être plus, dans cette aventure, qu'une valeur sensuelle dont son amant, rentier fantasque, venait toucher les coupons à des intervalles de plus en plus espacés.

Le 14 janvier 1842, après un long silence, Musset lui écrivit ce billet laconique et inattendu : « Tout m'ennuie. M'aimes-tu encore? Il n'y a que toi qui aies du cœur. Pas de lettre. Oui ou non. »

Elle le laissa venir; mais pour lui dire que c'était bien fini, que le temps avait fait son œuvre...

Et on se sépara, bons amis.

# X

Nous n'avons pas les lettres d'Aimée d'Alton à Alfred de Musset, et c'est regrettable, car elles devaient être toutes pleines de tendresse, d'esprit, de gaieté et, les dernières, de tristesse. Et voici comment nous avons les lettres d'Alfred de Musset à Aimée d'Alton.

Quelques années après la mort du poète, Aimée épousait Paul de Musset. Ainsi, un jour de mai 1861, dans une vision d'outre-tombe, le poète aurait pu voir son ancienne maîtresse, Poupette, Minouche et Moinillon, conduite à la mairie par un brave homme, probablement vêtu de noir pour la circonstance, et qui lui ressemblait... comme un frère.

Un jour de mars 1880, Jules Troubat reçut la visite d'une dame à cheveux blancs. Cette dame lui confia qu'elle avait été autrefois l'amie d'Alfred de Musset et qu'elle avait gardé ses lettres ; mais elle était prise d'un scrupule : avait-elle le droit de les brûler? Elle eût été bien déçue si Jules Troubat, levant ce scrupule, lui avait dit qu'elle en avait non seulement le droit, mais peut-être le devoir. Mais cet homme averti comprit bien que si cette liaison avait été ignorée des contemporains, du moins dans les masses, dans les couches profondes, la dame à cheveux blancs ne serait pas fâchée que le grand public fût mis au courant, un jour ou l'autre.

— Ne brûlez jamais ! — dut-il dire. — Des lettres d'un grand poète, vous n'y pensez pas ! Vous ne devez pas en frustrer la nation, l'humanité et, pour vous, à qui ces lettres sont adressées, c'est l'immortalité. Je conçois que vous ne teniez pas à ce qu'elles soient publiées de votre vivant. Déposez-les à la Bibliothèque Nationale, en spécifiant qu'elles ne pourront être publiées avant un délai de x années. Ça se fait couramment.

La dame s'en alla avec ce sage conseil qui accordait l'amour-propre et les convenances, et elle revint, quelques jours après, avec un coffret qui contenait les lettres du poète. Le coffret, déposé à la Bibliothèque Nationale, ne devrait être ouvert que cinquante ans après. Le bibliothécaire, alors M. Léopold Delisle, trouva le délai un peu long et obtint qu'il fût réduit à trente ans. Durant ce laps,

la dame à cheveux blancs n'avait-elle pas cent fois l'occasion de mourir?

C'est ainsi qu'à partir du 3 janvier 1910, M. Léon Séché put prendre copie de ces lettres et les mettre dans la circulation (1).

Ce legs avait été fait avec l'assentiment du mari, du frère Paul de Musset. Il consentait que le monde sût que sa femme avait été la maîtresse d'un homme illustre : la gloire rejaillissait un peu sur lui; mais il avait préféré que la contre-partie, les lettres de la maîtresse, ne figurassent pas dans la correspondance. Certains passages des lettres d'Alfred étaient sans doute un peu vifs. Alors, par ci, par là, Paul a fait de larges coupures; il a passé des lignes au caviar, raturé des mots. Si Alfred a écrit votre douce... nous ne saurons jamais quel substantif gênant suivait cet honnête adjectif. Paul a effacé et mis : vos douces lèvres. Si Alfred écrit nymphe... nymphe... Paul surcharge l'épithète, de façon qu'on lise : aimée, adorée, chérie. A chaque instant, à la place de « poupette », il met aimée, âme, amie. Poupette, il n'aimait pas ce mot. Affaire de goût. Si Alfred a écrit : « Je m'embête », Paul surcharge : Je m'ennuie. Mais cela est mesquin.

Et, dans la Biographie parue en 1877, Paul a

(1) Léon Séché : *Alfred de Musset.* Lettres d'amour à Aimée d'Alton. Paris, Mercure de France.

raconté cette histoire d'amour, mais sans s'étaler là-dessus; il la liquide en quelques mots :

« Dès l'année 1837, Alfred rencontrait souvent dans le monde une très jeune et très jolie personne, d'un naturel enthousiaste et passionné, indépendante par situation. Ils causaient ensemble dans les salons de Paris. Ils s'écrivirent pendant un séjour que cette jeune femme fut obligée de faire en province. De littéraire qu'elle était, la correspondance devint amoureuse. J'en ai lu des fragments qu'on pourrait mettre à la suite des *Lettres Portugaises*.

« La franchise, la loyauté du cœur de la dame étaient chose si nouvelle pour Alfred (à vous, George Sand !) qu'il se prit d'une passion sérieuse. Cette liaison dura deux ans pendant lesquels il n'y eut ni querelle, ni orage, ni refroidissement, c'est pourquoi il n'y a pas de récit à en faire. Deux années d'amour sans nuage ne se racontent pas. Le vrai bonheur n'a point d'histoire. »

Evidemment.

Parmi les nouvelles qu'a publiées Alfred de Musset, Paul avait une prédilection pour le *Fils du Titien*.

Aimée d'Alton n'avait pas remis les lettres originales à la Bibliothèque Nationale, mais une copie et, en tête de cette copie, elle avait écrit quelques lignes en manière d'avertissement.

« Je ne sais pas quelles seront les idées qui auront cours en 1930. En lisant ces lettres, on ne devra pas oublier qu'Alfred de Musset et M^lle^ X... faisaient partie de cette génération ardente, passionnée, enthousiaste, dont le poète a parlé dans l'introduction de la *Confession d'un enfant du siècle*. Les idées ont tellement changé depuis cette époque ! Ce qui paraissait tout simple alors est une chose incompréhensible aujourd'hui (1880). Que sera-ce en 1930? L'amour avait dans ce temps-là (1837) une autre allure qu'à présent ; quand le monde le trouvait excusable, il allait jusqu'à le protéger. Lorsqu'on se mêlait d'aimer, rien ne se faisait à demi; les échanges de sentiments et de toutes choses étaient sans limites. »

Qu'entend-elle par toutes choses?

Et de sa main encore, cette note :

« Le jour de son enterrement (d'Alfred de Musset), M^lle^ A... se rendant à Paris en chemin de fer, pleurait silencieusement dans un coin. Quelqu'un s'informant de la cause de ses larmes, elle s'écria : — Monsieur, vous ne savez donc pas qu'Alfred de Musset est mort ! »

Elle-même mourut quelques mois après son mari, le 30 novembre 1881. Aimée et Paul reposent sous la même pierre, au cimetière du Père-Lachaise, non loin de la tombe d'Alfred de Musset. Et

M. Léon Séché se demande pourquoi on ne les a pas enterrés avec le poète. Ainsi Aimée aurait dormi son éternel sommeil avec « ses Musset », comme elle disait, et l'ombre du saule aurait été encore plus légère, puisqu'ils auraient été trois à la supporter.

# XI

La pauvre Aimée d'Alton était toute simple, toute bonne, douce, tendre, fidèle. Dans cette liaison sans danger, la flamme du poète ne trouvait pas le souffle qui l'animât. Il avait fait avec George Sand une trop belle course d'obstacles. A présent, il approchait de la trentième année; don Juan ne passait plus dans ses rêves; il ne cherchait plus l'être impossible et qui n'existe pas, la femme fabuleuse, composée avec toutes les femmes à travers les âges et qui aurait eu l'innocence de Virginie, les sens de Messaline, la fidélité de Baucis, la coquetterie de Célimène, la beauté de la Vénus de Milo, le charme de Manon Lescaut, la philosophie de Diotime, l'espièglerie de Rosine, l'âme de Sainte Thérèse et l'esprit de Mme du Deffand. Mais il aimait chez une femme l'éclat, la renommée; il lui fallait une maîtresse dont on parlât.

Deux jeunes astres se levaient : la tragédienne Rachel et Pauline Garcia, la sœur de cette Malibran dont la mort avait inspiré au poète des vers immortels. Il écrivait à sa marraine : « Très réellement, je crois qu'il y a dans ce moment-ci un coup de vent dans le monde artiste. Je donnerais bien cent écus, comme dit Horace Vernet, pour n'avoir que vingt ans et pouvoir m'envoler dans cette bourrasque en compagnie de Paulette et de Rachel, quitte à me perdre dans les nues. »

Pauline Garcia s'annonçait comme une grande artiste : admirablement douée, sachant cinq ou six langues, et à seize ans aussi bonne pianiste qu'émouvante chanteuse, elle avait plu à Musset sur qui la musique exerçait une influence extrême. Il avait rencontré la jeune fille chez sa marraine M^me^ Jaubert et, aussitôt, lui avait fait la cour. Mais elle trouvait que l'haleine de son amoureux se ressentait des boissons inspiratrices; en outre, il faisait la cour à M^me^ Garcia, veuve et encore jeune. Et puis Pauline était fort amoureuse de Liszt qui était son professeur de piano. Cependant, quand elle donna son premier concert, le 15 décembre 1838, Musset écrivit sur ses débuts un article élogieux dans la *Revue des Deux Mondes*. Autre article un an après, quand elle débuta au Théâtre Italien dans le rôle de Desdemona. A quelque temps de là, un jour qu'il était allé chez elle, rue de la Michodière, il fut moqué. Il venait d'être malade; il avait un col de fourrure et suait à grosses gouttes. Desdemona et le pianiste Osborn, qui était également en visite chez elle, trouvèrent cela comique et se mirent à plaisanter, en anglais, pensant ne pas être entendus. Mais Musset comprenait l'anglais, et ne comprit pas la plaisanterie. Bref, il ne se perdit pas dans les nues avec Pauline.

Cependant, Mlle Rachel faisait courir tout Paris au Théâtre Français, où Musset allait l'entendre, à chaque fois qu'elle jouait. Par une belle soirée d'été, le 12 juin 1838, elle avait débuté dans le rôle de Camille d'*Horace*. On comptait cinq spectateurs à l'orchestre, dont le docteur Véron. « Une physionomie étrange, pleine d'expression, au front proéminent, à l'œil noir caché sous l'orbite, plein de feu; tout cela planté sur un corps grêle, mais d'une certaine élégance de poses et de mouvements et d'attitudes; une voix timbrée, sympathique, du plus heureux diapason et, par-dessus tout, très intelligente (1). » Et voilà le docteur Véron emballé. Avant de dire bonjour aux gens qu'il rencontrait, il leur demandait, déjà : « Avez-vous vu Rachel? » Avec une certaine ingénuité, ce bon

(1) *Mémoires d'un Bourgeois de Paris*, par le docteur Véron.

docteur disait : « M$^{lle}$ Rachel et moi, nous aurons raison du public. » M$^{lle}$ Rachel, surtout; elle jouait Camille, Hermione, Monime et la recette montait. Dans son feuilleton des *Débats,* Jules Janin l'encensait et dans la *Revue,* Musset parlait de l'artiste admirable, louant « cette grande manière de dire, ces gestes rares, profonds, cette prodigieuse intelligence ». Il souhaitait de voir la tragédie renaître et reprendre franchement sa place à côté du drame romantique; mais une tragédie plus châtiée, plus sévère, plus antique que celle de Racine ou de Corneille; enfin la tragédie de Sophocle, « cette Muse farouche, inexorable, telle qu'elle était aux beaux jours d'Athènes, quand les vases d'airain tremblaient à sa voix ».

Alors, voyant que Musset était enthousiaste, Jules Janin fit des réserves, trouva Rachel inférieure dans le rôle de Roxane. Il arrive parfois que si quelqu'un abonde dans son sens et dans une autre feuille, un prince de la critique parte immédiatement dans le sens opposé. Susceptibilité, taquinerie, esprit de contradiction, dépit de se voir dépassé dans l'approbation, on ne sait pas; il lui semble qu'on va sur ses brisées, que son sceptre vacille entre ses mains. Musset répliqua par un second article très modéré dans la *Revue,* à quoi Jules Janin riposta par un article très vif dans les *Débats,* où il traitait Musset de poète de troisième ordre, et lui faisait voir son béjaune en ces termes : « car, au premier abord, on s'imagine que la critique est aussi facile à faire que le roman, et que pour être un grand Aristarque, il n'y a qu'à placer les points sur les i et que cela se chante sur l'air : *Connaissez-vous dans Barcelone une Andalouse au sein bruni?* » C'en était trop. Musset répondit par lettre à Jules Janin : « Votre article est grossier. Littérairement, vous êtes un enfant à qui il faudrait mettre un bourrelet et, personnellement, vous êtes un drôle à qui on devrait interdire l'entrée du Théâtre-Français. »

Jules Janin ne pipa point, ne releva pas ce gant qu'on lui jetait sous forme de bourrelet; mais on imagine que M^lle^ Rachel devait être bien contente : la joute était entre gens d'importance; c'était pour elle une réclame énorme. La chose fit beaucoup de bruit et l'on disait tout haut que, pour avoir rompu des lances avec cet éclat, le poète était féru d'amour pour la jeune tragédienne, qu'il était son amant ou le deviendrait. Musset, galant homme, pour ne pas compromettre M^lle^ Rachel, n'allait plus chez « cette sublime fille, cette noble enfant », ne disait même pas quand il la voyait, au Théâtre-Français.

Pourtant, un soir qu'on avait joué *Tancrède*, comme il était allé la voir dans le rôle d'Aménaïde, en sortant du théâtre, il la rencontra dans les galeries du Palais-Royal avec tout un escadron de jeunesses, accompagnées de leurs amis. Elle l'emmena souper chez elle, et Musset, dans une lettre à sa marraine, fait sous forme de dialogue une relation curieuse de ce maigre médianoche. Rachel demeurait avec sa famille passage Véro-Dodat. La mère et la sœur Sarah apparaissent comme des femmes de tribu assez vulgaire. Rachel s'aperçoit qu'elle a oublié ses bijoux au théâtre et envoie sa bonne les chercher, et c'est elle-même qui, ayant passé une robe de chambre, coiffée d'un bonnet de nuit, un foulard sur l'oreille, fait la cuisine. On se met à souper.

Rachel raconte qu'étant au Théâtre Molière, elle n'avait que deux paires de bas. Sarah, offusquée, baragouine en allemand ; Rachel riposte : — « Tu m'ennuies, je veux raconter ma jeunesse, moi. » Il y a une satisfaction pour cette jeune fille, fille de ses œuvres, et qui nourrit maintenant sa famille, d'évoquer sa jeunesse misérable, le temps où elle n'avait que deux paires de bas. On continue de causer; la conversation s'élève; Rachel porte ses jugements sur Corneille et sur Racine, aborde le parallèle. Les jeunesses et leurs amis disparaissent. Elle annonce son intention de jouer *Phèdre,* le plus beau rôle de Racine. « On lui dit au théâtre qu'elle est trop maigre, quelle bêtise ! Une femme qui a un amour infâme, mais qui se meurt plutôt que de s'y livrer; une femme qui a séché dans les feux, dans les larmes, cette femme-là ne peut pas avoir une poitrine comme Mme Paradol. »

Sarah est allée se coucher; la mère s'assoupit en souriant. Rachel va chercher un volume de Racine, l'ouvre avec respect et la tragédienne et le poète lisent *Phèdre*. Ce n'est pas mal : Racine, la jeune tragédienne en bonnet de nuit, le poète des *Nuits*, le livre entre eux deux posé sur la table éclairée par deux chandelles; vraiment, ce n'est pas mal. Eh bien ! le père de Rachel ne sera pas sensible à l'émouvant clair-obscur de ce tableau. Il rentre de l'Opéra, où il vient de voir Mlle Nathan qui débutait dans la *Juive*. A peine assis, il adresse à sa fille des paroles brutales, lui ordonne de cesser sa lecture, à cause qu'elle brûle inutilement de la chandelle. Rachel ferme le livre en disant : « C'est révoltant ! J'achèterai un briquet et je lirai seule dans mon lit. » Et Musset ajoute : « C'était une chose révoltante en effet que de voir traiter ainsi une pareille créature. Je me suis levé et je suis sorti plein d'admiration, de respect et d'attendrissement. »

A la suite de cette soirée, il prit l'engagement d'écrire un rôle pour Rachel, une tragédie en cinq actes. Une tragédie, l'auteur de *Rolla !* Fallait-il qu'il fût amoureux ! Il chercha un sujet dans les

*Récits des temps mérovingiens,* d'Augustin Thierry; il pensa qu'il y aurait quelque chose à faire, comme on dit, avec les intrigues de Frédégonde à la cour de Chilpéric : cela devait s'appeler la *Servante du Roi.*

Dans l'été de 1839, Rachel avait loué une petite maison de campagne à Montmorency, où le poète vint passer quelques jours. En rentrant de cette villégiature, il écrivait à sa marraine :

« Ainsi donc *Elle* revient et vous aussi, on va donc pouvoir un peu vivre. » Et puis : « qu'elle était jolie l'autre soir, courant dans son jardin avec mes pantoufles, et un petit bonnet noir et rouge en laine tricotée ! Je l'ai pourtant senti et c'est vrai. Je ne veux plus rien, je ne suis plus fou en amour. » Et puis : « Si Paolita, en chantant le *Saule,* avait l'idée de se retourner de mon côté (je suis au balcon) et de rendre votre montmorencique filleul amoureux fou, que signifierait le proverbe des deux lièvres? » Et puis : « Pourquoi l'odeur du patchouli me rend-elle mélancolique? »

Et le premier *Elle,* c'est la princesse Belgiojoso ; le deuxième « elle », Rachel; Paolita, c'est Pauline Garcia et l'odeur du patchouli, un souvenir de George Sand. Ce qui ne l'empêchait pas, peut-être le même jour, d'écrire à Aimée d'Alton : « Ma chère Poupette, comment vous portez-vous? J'arrive de la campagne et j'ai bien envie de vous voir. Voulez-vous venir? En cas de *non,* répondez un mot. En cas de *oui,* je vous attends à toute heure dès à présent. Je t'aime. »

Car il était ainsi : *Elles et Lui!*

Evidemment, dans cette lettre à la marraine, le passage relatif à Rachel ne *prouve* pas qu'il y ait eu entre eux des relations amoureuses. S'il y en eut, on se plaît à croire que le point de départ fut le souper chez Rachel, où à la lueur de deux chandelles, le poète et la tragédienne avaient lu *Phèdre,* dans le même culte pour Racine qui aima la Champmeslé.

S'il y en eut, elles durèrent peu. Cette petite princesse bohémienne, cette maigre tragédienne israélite, toute d'instinct et de tempérament, brûlée à la flamme sacrée et à bien d'autres flammes, cette grande artiste admirée, encensée, devait mal supporter les brusques changements d'humeur du poète, ses accès de jalousie (elle y donnait prise) et d'ironie qu'elle ne devait pas comprendre, car les femmes, en général, ne comprennent pas l'ironie et, entre les femmes, les tragédiennes. Leurs rapports furent une série de brouilles et de raccommodements. A trois ou quatre reprises, il eut la volonté de lui écrire un rôle. La *Servante du Roi* ne fut jamais finie. A en juger par un fragment que l'on connaît et qui n'est ni classique, ni romantique, ni mérovingien, du moins d'après l'idée qu'on se fait du « mérovingien », c'est à peine regrettable. Rachel aurait pu dire : « Qu'il avait l'air gêné, l'autre soir, courant dans mon jardin, ses pieds dans *mes* cothurnes ! »

Elle était très à la mode; l'engouement avait suivi le succès. Extrêmement comptée dans la haute colonie espagnole qui habitait alors Paris, elle était accueillie dans les meilleures compagnies. Il n'y avait pas de fête littéraire à l'Abbaye au Bois, chez Mme Récamier, sans qu'elle y fût conviée. La famille de Noailles, nous dit le docteur Véron, la recevait le matin; (pourquoi le matin?) non pas toute la famille : « le comte de Noailles passait souvent seul auprès d'elle des soirées entières en causeries littéraires et en intimités paternelles » (!?) Le docteur Véron retrouvait chez Mlle Rachel « plus d'une des qualités de cet esprit pénétrant et pratique qui l'avaient séduit chez M. Thiers. » (!) D'autres qualités aussi : il eut de la bonté pour elle et elle, pour lui, des bontés. Enfin, avec une surprenante faculté d'adaptation, elle était passée de la misère et de l'obscurité à ce rôle d'astre choyé et cela malgré les « restes impurs d'une vie errante à travers d'épaisses broussailles et de pernicieux marais », nous dit encore le docteur Véron qu'on ne se lasserait pas de citer (1).

A l'automne de 1842, Musset racontait à Mme Jaubert qu'il était brouillé avec Rachel et voici pourquoi : un soir, sortant du Théâtre-Français, elle donnait le bras à quelque journaliste.

— Comment? lui avait dit Buloz, vous donnez le bras à ces gens-là ! — Ainsi, Buloz traitait ceux qui n'écrivaient pas dans la *Revue des Deux Mondes*. — Bah ! répondit Rachel, quand j'ai assez des gens, je sais le moyen de m'en débarrasser; voyez M. de Musset : s'il ne vient plus chez moi, c'est que je le lui ai donné à entendre »

Le propos fut répété au poète, qui écrivit à la tragédienne une lettre dans laquelle il lui donnait cette petite leçon : « Permettez-moi de vous dire, Mademoiselle, une chose que vous ignorez peut-être : c'est qu'il est rare qu'un homme bien élevé dise ou fasse quelque chose d'assez inconvenant pour qu'on lui défende sa porte. » Ce peut-être choqua Hermione qui, ajoute Musset, ne manquait pas pour son âge d'une certaine manière d'être.

Il ne se perdit pas dans les nues avec Rachel, dans les nues douloureuses, mais la princesse Gathe-

(1) Le Dr L. VERON : *Mémoires d'un Bourgeois de Paris.* Librairie Nouvelle, Paris, 1856.

rine Belgiojoso le fit souffrir et, en somme, c'est ce qu'il voulait.

La femme étrange, fabuleuse, c'était bien cette Italienne compliquée, contrastée, intéressante, captivante, conspiratrice, animatrice, aussi nombreuse et diverse que la liste de ses prénoms.

Marie, Christine, Béatrice, Thérèse, Mathilde, Camille, Julie, Marguerite, Laure Trivulce était née à Milan, le 28 juin 1808. Elle avait été élevée dans la haine de l'Autriche, au milieu d'ardents patriotes dont les exemples la préparaient à jouer un rôle animé dans le *Risorgimento.* A seize ans, jeune fille sévèrement cultivée (mathématiques, philosophie, théologie), elle fut fiancée au prince Emilio Belgiojoso, le plus beau et le plus léger des hommes, lequel avait quitté la comtesse Guiccioli, l'ex-maîtresse de lord Byron, pour épouser « la belle héritière ». Christine et son mari avaient des humeurs incompatibles; une seule idée commune : l'indépendance de la patrie italienne, à quoi le bel Emilio ajoutait des idées bien arrêtées sur sa propre indépendance. Le bonheur des deux époux ne dura que quelques semaines ; bientôt le prince retournait à la comtesse Guiccioli, laissant sa femme complètement libre d'aller, comme on dit, de son côté. Elle alla du côté de la *Carbonaria,* fut *jardinière,* c'est le nom qu'on donnait aux affiliées; puis, adepte fervente de la *Jeune Italie*, elle prêcha dans les campagnes, déguisée en lazzarone, la doctrine de Mazzoni. Intrépide amazone, elle montait à cheval sans selle et hardie partisane, était capable de se servir de l'arme à feu aussi bien que de l'arme blanche. Après l'insurrection des Romagnes, elle avait pu échapper aux poursuites autrichiennes et, au printemps de 1831, elle débarquait à Paris.

Pauvre (ses biens avaient été confisqués), et pour vivre peignant des éventails, elle habitait près de la Madeleine, au dernier étage d'une triste maison. A la vérité, elle aurait pu se mieux loger et laisser les éventails tranquilles. Elle avait emporté ses bijoux et des médailles précieuses et, au dire des contemporains, dans son grenier, « la princesse malheureuse » n'était pas si mal à vingt ans. Mais elle soignait la mise en scène et n'était pas ennemie de quelque cabotinage. En tout cas, elle n'était pas abandonnée; l'étrangeté de ses aventures l'avait déjà signalée et des hommes tels que Victor Cousin, Thiers, Mignet, le vieux La Fayette même venaient lui présenter leurs assidus hommages.

Quelques années passèrent; quand ses biens lui furent rendus, elle vint s'installer dans un bel hôtel entre cour et jardin, rue d'Anjou-Saint-Honoré; elle le meubla et l'orna à son goût qui était funèbre: oratoire gothique avec, comme bibelots, des têtes

de mort; salon tendu de velours noir semé de larmes d'argent; chambre à coucher tendue de soie blanche, flambeaux et candélabres d'argent; le lit quasi mortuaire où l'on montait par trois marches qui n'étaient pas de marbre rose n'invitait pas à la bagatelle. Dans ce décor sévère, je veux dire le salon, artistes, littérateurs, hommes politiques, elle recevait tout ce que Paris comptait d'illustrations. C'est là qu'environ 1835, Musset put la connaître, muse romantique qui devait lui rappeler George Sand; une sombre chevelure, des yeux noirs immenses, un peu trop écartés du nez, qui était fort beau, une pâleur extrême, spectrale, dit Arsène Houssaye. Dans les *Reisebilder*, Henri Heine nous a laissé d'elle un bien séduisant portrait :

« C'était, dit-il, un de ces visages qui semblent appartenir au domaine poétique des rêves plus qu'à la grossière réalité de la vie. Des contours qui rappellent Léonard de Vinci, ce noble ovale, avec les naïves fossettes des joues et le sentimental menton pointu de l'école lombarde. La couleur avait plutôt la douceur romaine, l'éclat mat de la perle, une pâleur distinguée, la *morbidezza*. Enfin, c'était une figure comme on ne peut la trouver que dans quelque vieux portrait italien qui représente une de ces grandes dames dont les artistes italiens étaient amoureux quand ils créaient leurs chefs-d'œuvre et auxquels pensaient les héros allemands et français quand ils ceignaient le glaive et passaient les Alpes. »

Les contemporains ont vanté sa beauté, Arsène Houssaye, la Duchesse de Dino; le docteur Véron n'en parle pas, c'est dommage.

M. A. Augustin Thierry a vu, dans le palais Visconti d'Aragona, à Milan, le portrait par Lehmann de la princesse Belgiojoso : « Sous la couronne de nénuphars qui ceint un front pur, le visage d'un dessin parfait a bien le charme énigmatique et profond des figures de Vinci. La pâleur liliale du teint, la gracilité du col jaillissant des épaules fragiles, la plasticité langoureuse du corps amenuisé, accentuent l'étrangeté d'une physionomie toute romantique. Longue, souple, svelte, elle a le féminisme pénétrant des Milanaises. Rien de sensuel pourtant (1). »

La couronne de nénuphars, est-ce un symbole? Elle était en effet plus cérébrale que sensuelle, et d'une intelligence plutôt masculine. *Femina sexu, ingenio vir,* disait d'elle Victor Cousin, qui aurait volontiers trompé avec elle M^me^ de Longueville et Louise Colet. On l'appelait la docte Uranie; on prétendait qu'elle surmenait son intelligence avec

(1) A. AUGUSTIN THIERRY : *La Princesse Belgiojoso et Augustin Thierry.*

un poison à la mode, le *datura stramonium*. Elle avait pourtant un amant, un historien : Mignet, remarquable par l'étendue de son érudition et la sûreté de son jugement. Elle ne fut pas d'abord attirée vers Musset; elle lui trouvait un extérieur raide, grognon et impertinent, peu sympathique. Et puis, il ne s'intéressait qu'à l'amour; sans aller jusqu'à dire que le sort de l'Italie le laissait complètement indifférent, on peut assurer que le *Risorgimento* n'était pas sa préoccupation cardinale. Dans un salon, Musset se montrait plus homme du monde que littérateur, et la princesse pouvait penser qu'il n'était pas un grand poète. En cela, elle suivait le mouvement : les *Contes d'Espagne* avaient déchaîné de l'enthousiasme; le *Spectacle dans un fauteuil* avait été froidement accueilli; quand parurent les *Nuits*, la *Lettre à Lamartine*, on en parla très peu. Et Musset savait bien qu'il y avait là ses plus beaux vers, mais on lui servait toujours l'*Andalouse*. Comme le pélican, il s'était ouvert la poitrine, pour donner en pâture à ses enfants son cœur sanglant, mais la critique ne s'était pas conviée à ce sublime festin et n'avait pas averti le public. La princesse Belgiojoso n'était pas avertie; excusons-la, elle n'était pas d'ici. Aux yeux de la belle Milanaise, Musset faisait figure de gentilhomme de lettres et alors, pour l'altière Trivulce, trop petit seigneur et, pour la docte Uranie, pas assez homme de lettres. Pour détourner cette femme excessive des philosophes politiques, un poète plus théâtral eût été nécessaire. Musset était vraiment le *poèta singularis;* il ne faisait partie d'aucun groupe, d'aucune coterie; il n'était pas arriviste, il ne se mettait pas en avant, il ne se plaisait que dans la société des femmes et, avec les hommes, ne savait pas s'ennuyer; il avait grand air et nulle vanité et, souvent, les gens prennent pour du dédain ou bien une juste humilité ce qui est distinction ou modestie fière.

Et puis, dans la vie amoureuse de Musset, il y avait eu Aimée d'Alton, Pauline Garcia, Rachel. Tout cela fait qu'entre 1835 et 1840, la grande pièce entre la princesse et le poète n'était pas commencée.

Dans l'hiver de 1840, Alfred de Musset fut très malade d'une fluxion de poitrine. Sa mère, sa sœur, son frère, une sœur du Bon-Secours le soignaient. De belles dames le venaient visiter : Mme Jaubert, la duchesse de Castries, la princesse Belgiojoso. Celle-ci forçait le malade rebelle à prendre les potions ordonnées par le médecin. Un jour qu'il se sentait très mal, elle lui dit : « Rassurez-vous, on ne meurt jamais en ma présence » et, lorsqu'elle devait venir, il était certain de ne pas mourir ce jour-là. Mais, pour l'instant, celle qui avait sa reconnaissance, son admiration et sa tendresse, c'était la sœur du Bon-Secours, une sainte fille, pas belle, qui priait pour lui et tricotait à son chevet de petites amphores en laine de diverses couleurs. Il avait toujours besoin d'une femme dans sa vie et sœur Marceline avait cet avantage sur les grandes dames, c'est qu'elle était là jour et nuit. Elle n'avait pas d'instruction et amusait le poète par ses expressions un peu peuple. Si, quand elle lui présentait une tasse de tisane, il fronçait le sourcil, elle lui disait de sa voix d'enfant de chœur : « Quel nœud terrible vous nous faites là ! » Et voilà qu'un sentiment pur et charmant était né entre eux. Conquise par le bon naturel de ce mauvais garçon qui croyait en Dieu, se repentait, elle, de son côté, devenait confiante, lui racontait sa vie et pourquoi elle avait pris le voile. Chagrin d'amour peut-être? Et rien ne pouvait la rendre plus sympathique à Musset. Elle sentait l'influence qu'elle prenait sur lui et, sans qu'elle s'en rendît compte, son cœur était doucement remué; flirt édifiant à base de catéchisme en vue d'une conversion; elle exhortait son malade à une vie meilleure, lui faisait promettre de ne jamais oublier ses devoirs religieux et, dans le moment, il promettait et il était sincère. Il a fait des vers pour sœur Marceline :

Pauvre fille, tu n'es pas belle ;
A force de veiller sur elle
La mort t'a donné sa pâleur.

Et il demandera d'être enterré avec, dans son cercueil, une des petites amphores en laine qu'elle tricotait à son chevet.

Sœur Marceline, douce figure dans la vie amoureuse d'Alfred de Musset.

Mais, guéri, il pense à la princesse.

En septembre 1840, il écrit à la duchesse de Castries : « Je vous ai raconté comme quoi une passion absurde, fort inutile et un peu ridicule, m'a fait rompre depuis près d'un an avec toutes mes habitudes. J'ai quitté tout ce qui m'entourait, mes amis, mes amies, le courant d'eau où je vivais, et une des plus jolies femmes de Paris. Je n'ai pas réussi bien entendu dans ma sotte vision et, aujourd'hui, je me retrouve guéri, il est vrai, mais à sec comme un poisson au milieu d'un champ de blé. » Et l'on peut penser que la passion absurde, fort inutile et un peu ridicule, la sotte vision, c'est la princesse et une des plus jolies femmes de Paris, Aimée d'Alton. Il est seul, il est triste, il ne peut pas vivre ainsi, ni convenir que c'est vivre. Il ne vit que quand un cœur bat sur le sien. Les femmes du monde lui font l'effet de jouer une comédie dont elles ne savent même pas les rôles. Ce qu'il lui faudrait,

« c'est une femme qui fût quelque chose, n'importe quoi : ou très belle, ou très bonne, ou très méchante, à la rigueur, ou très spirituelle, ou très bête, mais quelque chose ».

Vers la mi-septembre de la même année, il était allé passer quelques jours chez Berryer, à Angerville. En traversant la forêt de Fontainebleau, il fut attaqué par des souvenirs. Il se rappelait l'automne de 1833, les promenades au clair de lune avec George vêtue d'une blouse bleue et coiffée d'une petite casquette. Après sept ans, il ne se rappelait que les moments heureux.

Revenu à Paris, il rencontra un soir George Sand, au théâtre. Ils ne se parlèrent pas; mais, rentré chez lui, il alluma toutes les bougies et écrivit le *Souvenir* :

J'espérais bien pleurer, mais je croyais souffrir
En osant te revoir, place à jamais sacrée,
O la plus chère tombe et la plus ignorée
Où dorme un souvenir !

Non, en revoyant ces coteaux, ces bruyères fleuries, le poète ne souffre pas. Pourquoi Dante a-t-il écrit qu'il n'était « pire misère qu'un souvenir heureux dans les jours de douleur » ? Musset lui répond :

Un souvenir heureux est peut-être sur terre
Plus vrai que le bonheur.

Il ne faut jamais regretter l'instant où l'on a aimé. Qu'importe que tout meure !

Je ne veux rien savoir, ni si les champs fleurissent,
Ni ce qu'il adviendra du simulacre humain,
Ni si ces vastes cieux éclaireront demain
Ce qu'ils ensevelissent.

Je me dis seulement : « A cette heure en ce lieu,
Un jour, je fus aimé, j'aimais, elle était belle.
J'enfouis ce trésor dans mon âme immortelle,
Et je l'emporte à Dieu. »

Ce *Souvenir*, on pourrait dire que c'est la *Cinquième Nuit*. Et le bel et doux sentiment, mais qui vient trop tard. Le poète mourra dans Musset, bien longtemps avant l'homme. En lisant ces vers, qui sont parmi les plus beaux qu'il ait écrits, Christine Belgiojoso comprit-elle enfin que celui qui lui faisait la cour était un grand poète ? Se dit-elle : « puisqu'il semble apaisé du côté de George Sand, il faut qu'il soit secoué de mon côté; il faut qu'il recommence de souffrir et que j'en sois la cause ». Tout se passa comme si elle avait eu ces idées.

Maint passage des lettres de Musset à M^me^ Jaubert, grande amie de la princesse, laisse à penser que Christine avait commencé son manège.

(9 octobre 1840). « Quant à *Elle*, à présent que mon parti est pris de ne plus la revoir, je puis vous dire franchement mon opinion sur elle : je l'aime, je l'aime et je l'aime beaucoup. »

Et encore (sans date 1841) : « Mais hélas ! et hélas ! ce n'est plus le vent des passions qui me travaille et me débraille... Vous êtes encore bien loin, petite marraine, de l'affreux calme auquel je me résigne... Le monde, les petites cancaneries, les gros rieurs... cette vie de coups d'épingles ! *ohime !* il y a eu quelqu'un avec un front penseur et des yeux troublants qui m'a persuadé et fait croire pendant quelque temps que je pourrais vivre dans ce baquet... J'ai écrit à Uranie et fort écrit. Mais il y a une destinée. Cela n'a pas pris jadis; mais cela a beau vouloir prendre. »

Et encore (sans date 1842) : « Est-ce que nous sommes brouillés, marraine? Est-ce que vous êtes tout à fait passée à l'ennemi? Je ne veux point vous dire que j'aie tort ou raison, parce que vous êtes trop lombarde en ce moment-ci; je ne veux que constater un fait. Le fait est que j'ai rudement souffert... La princesse Turandot ne sait pas le mal qu'elle m'a fait, sans quoi elle eût été moins féroce. »

La princesse et Musset étaient en grande correspondance. Elle ne lui parlait que d'amitié. Mais l'on sait quelle comédie déloyale peut jouer une belle personne qui parle d'amitié au malheureux qui lui parle d'amour. Christine abandonnait sa main, sa longue main de patricienne. « J'ai tenu sa main, je l'ai baisée pendant une minute entière, et elle me laissait faire. » On imagine le dialogue. — Voyons, soyez raisonnable ; non, non, amitié, amitié... vous savez bien que ce nest pas possible; je ne suis pas libre : j'aime M. Mignet, il m'aime, il m'adore... pourquoi le tromperais-je? un homme si sérieux... et jaloux ! Pourquoi le faire souffrir? — Vous aimez mieux que ce soit moi ! c'est bien, vous avez raison, amitié, amitié, mais je m'en vais. — Non, ne vous en allez pas ! — Alors, choisissez, moi ou l'admirable M. Mignet. — Pourquoi choisir? mon Dieu, comment vous dire? Vous ne voulez rien comprendre, vous êtes un enfant ! J'aime M. Mignet, mais j'ai besoin de vous. Amitié, amitié.

« Et outre cette main qu'on me livrait, il y a mille choses qu'on ne peut pas dire, vous le savez, parce qu'on ne peut pas expliquer aux autres. » Mille choses, on les devine : une certaine expression dans le regard, une connivence, une inflexion de voix, une fleur qu'on a portée et qu'on vous donne, un sourire énigmatique, à la Vinci, un soupir, un silence. Jeux sans innocence de la coupe et des lèvres, quand la coupe est bien décidée, si l'on peut dire, à ne pas laisser prendre une goutte du céleste breuvage et que les lèvres, par l'attente desséchées, n'ont soif que de ce breuvage. Lui qui avait eu tant de femmes, il ne pouvait posséder celle-là. Elle lui écrivait du haut de ses grands yeux que « le seul bon effet des succès *trop faciles*, c'est d'empêcher qu'on ne s'obstine aux succès impossibles ». Mais elle ne disait jamais le mot décisif qui ferme la porte de l'espoir, ou, du moins, sous cette porte, avait soin que passât un rais de lumière, une vague lueur. Et lui s'en allait, jurait ses grands dieux de ne plus revenir, puis délibérait, discutait avec lui-même, se donnait les raisons aveuglantes pour ne pas revenir, et la raison majeure pour revenir : il aimait et il revenait. Et cela durait depuis des mois.

A l'été de 1842, la princesse a loué une maison à Versailles, avenue de Paris. Elle invite Musset à venir passer quelques jours chez elle, le garde une semaine, affectant à chaque instant d'éviter l'occasion de lui parler, le traitant comme un étranger, lui faisant boire de l'eau rougie et manger du macaroni aux tomates (cuisine milanaise). Il est reparti, furieux.

Dans *Lui*, roman paru vers 1861, Mme Louise Colet arrange les choses d'une autre façon :

Albert de Lincel (Alfred de Musset) est en visite

chez la princesse, un soir d'été, à Versailles. Ils se promènent dans le jardin; elle lui demande de lui dire des vers d'amour; elle se pâme d'admiration, il la presse; elle lui échappe, court légère à travers les allées et les labyrinthes; il la poursuit et, dans la poursuite, le pied lui tourne. Il tombe, se relève avec une entorse. On lui donne la plus belle chambre de la maison et on le soigne à merveille. Deux hommes sont aussi chez la princesse : un philosophe politique, froid et gourmé (Mignet), et un petit pianiste, joli garçon et fat. La princesse est tout à fait provocante avec Albert de Lincel qui, nonobstant, la surprend qui embrasse le petit pianiste. Albert part, blessé et digne. Grossière déformation; dans la réalité, il n'y a pas eu d'entorse; mais, dans le roman, l'entorse est à la vérité. Louise Colet profite de l'incident imaginé par elle pour brocarder les pianistes : Franz Liszt, que sa maîtresse, M^me^ d'Agout, appelle l'*inspiré*, le *Dieu de l'art;* Chopin, qu'elle traite d'instrumentiste et de virtuose sans cerveau ! Louise Colet n'était pas pour pianistes et elle n'aimait pas George Sand.

Musset est donc parti furieux : « J'ai grogné tout mon saoul et je ne veux pas écrire à cette personne féroce, non, je ne le veux pas. » La marraine tâche à arranger les choses, conseille au fieux de revenir et de présenter ses excuses pour les pires traitements qu'il a subis. Le fieux obéit, retourne à Versailles, un matin : « l'astre s'est levé à moitié endormi, voilé de quelques nuages, mais parfaitement doux et charmant, répandant autour de lui les rayons les plus purs ». Les excuses ont été acceptées, mais Musset était plus furieux l'autre jour qu'il n'est content cette fois-ci. Dans sa fureur, il a eu l'idée d'une pièce de vers vengeresse et, malgré le raccommodement, il fait les vers et les donne à la *Revue des Deux Mondes*. Et cela est intitulé : *Sur une Morte*.

Elle était belle, si la nuit
Qui dort dans la sombre chapelle
Où Michel Ange a fait son lit,
Immobile peut être belle.

Elle aurait pleuré, si sa main
Sur son cœur froidement posée,
Eût jamais dans l'argile humain,
Senti la céleste rosée.

Elle aurait aimé, si l'orgueil,
Pareil à la lampe inutile
Qu'on allume près d'un cercueil
N'eût veillé sur son cœur stérile.

Elle est morte et n'a point vécu;
Elle faisait semblant de vivre.
De ses mains est tombé le livre
Dans lequel elle n'a rien lu.

Dans les *Caprices de Marianne*, à Octave qui

l'a suppliée d'aimer Cœlio, la jeune femme disait : — Si je me rends, que pensera-t-on de moi? N'est-ce pas une femme bien abjecte que celle qui obéit à point nommé, à l'heure convenue, à une pareille proposition? Si elle refuse, au contraire, est-il un monstre qui lui soit comparable? Est-il une statue plus froide qu'elle? et l'homme qui lui parle, qui ose l'arrêter en place publique, son livre de messe à la main, n'a-t-il pas droit de lui dire : Vous êtes une rose du Bengale, sans épine et sans parfum? — Ainsi Christine aurait pu répondre à son patito : — Si je m'étais rendue, qu'aurait-on pensé de moi? Et, parce qu'une princesse n'aime pas un poète, celui-ci n'a-t-il pas le droit de publier dans la *Revue des Deux Mondes* des vers où elle est comparée à un ruisseau qui gémit, à une fleur qui ne s'est point épanouie; et, dans son dépit, ne peut-il pas s'exercer à toutes les images péjoratives?

Mais la princesse ne dit rien; elle qui lisait d'ordinaire la *Revue des Deux Mondes,* n'avait pas lu précisément le numéro où se trouvaient les vers qui, sans la nommer, lui étaient dédiés. Cependant, dans l'entourage, c'est bien son nom qu'on mettait sur la morte anonyme. Et si, à l'hôtel de la rue d'Anjou-Saint-Honoré, dans le salon tendu de velours noir semé de larmes d'argent, un registre eût été ouvert, et si toutes les personnes qui avaient reconnu la princesse fussent venues s'inscrire, le registre aurait été couvert de signatures. Musset donne des explications à M^me^ Jaubert, toujours lombarde. « Mais je vais vous dire, on m'a fait enrager. Vous ne savez pas, marraine, non ! vous ne pouvez pas savoir à quel point on m'a tué, éreinté, abîmé, comme on m'a attiré et laissé faire, quelle profonde, perverse et malfaisante coquetterie on a employée de sang-froid avec un pauvre diable qui aime de tout son cœur, qui se livre comme une bête. » Oui, on l'a attiré par désœuvrement, pour s'amuser de lui et lui faire jouer le rôle d'amoureux transi. Il en tombe malade, reste six jours au lit avec la fièvre. En tout honneur, il n'aime plus du tout la princesse, il ne souffre plus seulement pour deux sous quand il y pense; il n'a aucune espèce d'envie de se *rabibocher*. Cependant, il regrette sincèrement ses vers : c'est mal, c'est absurde, non pas de les avoir faits, mais de les avoir publiés. Alors, il a écrit à la princesse, il a écrit « à cœur ouvert, comme un panier, sans rien cacher, sans rien *enjoliver,* sans rien *mitonner,* sans rien mignonner, sans rien de rien. On lui en a flanqué sur la tête. On lui en a fait une réponse, ô marraine ! ! »

Dans sa lettre à M^me^ Jaubert, il bouffonne, il se fait le bouffon de sa propre détresse; « il a pleuré comme un veau; sa chambre était réellement un *océan d'amertume* ». Et mille drôleries qui ne sont pas très drôles. Fantasio rate son feu d'artifice. C'est qu'au fond, il souffre vraiment, il a la mort dans l'âme. « Sacrebleu ! marraine, que ça fait de mal, ces petites plaisanteries-là ! Sérieusement. Je m'abstiendrai dorénavant de toute correspondance avec Son Altesse sérénissime; *sous aucune espèce de prétexte,* je n'en joue plus. »

Cette fois, il tiendra sa parole. Mais, Vénitien ou Milanaise, Pagello ou Belgiojoso, il n'aura vraiment pas eu de chance avec les Italiens. La femme qu'il a sans doute le plus aimée après George Sand, c'est cette Christine qui a de la race, de l'allure, de la ligne, de la tige et de la branche, mais allumeuse supérieure et qui ne s'est pas donnée.

Et si, pour la princesse, il a quitté la sensible et sensuelle Aimée d'Alton, celle-ci est bien vengée.

v
p
b
b
d
L
g
jo
u
le
ça
q
D
jo
na
à

# XII

Tout s'enchaîne, quand le hasard et les destins veulent que tout s'enchaîne. Aimée d'Alton n'avait pas été très heureuse avec Musset et elle lui porta bonheur. Parce qu'elle lui avait donné une petite bourse en filet, il avait eu l'idée d'écrire le *Caprice;* dix ans après qu'elle avait paru dans la *Revue des Deux Mondes,* cette petite pièce eut une chance singulière. Une actrice, M^me^ Allan-Despréaux, qui jouait au Théâtre Michel, à Saint-Pétersbourg, vit un jour représenter une pièce russe qui lui plut tellement, qu'elle en demanda la traduction en français; la pièce russe se trouvait toute traduite, puisqu'elle n'était autre que le *Caprice.* M^me^ Allan-Despréaux apprit le rôle de M^me^ de Léry qu'elle joua avec le plus grand succès devant la Cour impériale, et Buloz l'ayant engagée par correspondance à la Comédie-Française dont il était devenu directeur, elle demanda à débuter dans ce rôle. Pendant une répétition, l'acteur Samson ayant entendu cette réplique : — Rebonsoir, chère, pas de domestique chez vous ! — se serait écrié : « Rebonsoir, chère ! Ah ! mon Dieu, quelle langue est cela ! » Ah ! ces sociétaires, ils ont toujours eu sur les pièces qu'on leur apportait des réflexions saugrenues. *Rebonsoir chère* n'empêcha pourtant pas Théophile Gautier qui s'y connaissait d'écrire, au lendemain de la première représentation, que le *Caprice* était un grand événement littéraire. Cette jolie comédie fit plus pour la réputation d'Alfred de Musset que les *Nuits*, la *Lettre à Lamartine* et le *Souvenir*. Les journaux commencèrent de citer les vers du poète ; les directeurs de théâtre demandèrent des pièces à l'auteur dramatique et les comédiennes lui firent des sourires pour avoir des rôles. Le succès du *Caprice* donna l'idée de représenter les autres comédies parues dans la *Revue : Il ne faut jurer de rien, le Chandelier, les Caprices de Marianne, On ne badine pas avec l'amour*, comédies qui n'avaient pas été écrites pour la scène, qui se trouvaient être, nonobstant, du meilleur théâtre et, dans leur prose poétique, un incomparable théâtre d'amour et qui, avec quelques remaniements, réussirent à merveille. Ainsi, Aimée d'Alton avait porté bonheur à son amant volage. Tout s'enchaîne et parce que le

*Caprice* était joué à la Comédie-Farnçaise, Musset était tombé amoureux de son interprète, M^me^ Allan-Despréaux. En écrivant le rôle de M^me^ de Léry, Alfred de Musset avait pris, comme modèle, une petite femme, toute mignonne, infiniment spirituelle, sa marraine, M^me^ Caroline Jaubert; M^me^ Allan-Despréaux était une femme plutôt forte; mais, malgré son embonpoint, elle avait un grand charme, de beaux yeux, un clair sourire, un joli visage. En outre, elle ne manquait pas d'esprit. Musset était déjà très las, très bas : il s'ennuyait à Paris et ne pouvait quitter la ville, se décider à aller vivre à la campagne. Il trouvait la vie longue, inutile, lourde. Tout conspirait à l'abattre : il songea même au suicide. La mort du duc d'Orléans l'avait beaucoup attristé; son ami Alfred Tattet se retirait à Fontainebleau. George Sand n'arrêtait pas d'écrire des romans, produisait inlassablement et, lui, travaillait peu. Ah ! celle-là ! leur amour ne lui avait pas été funeste ; elle trouvait dans le travail des raisons et la joie de vivre. Mais, lui, avait manqué sa vie.

J'ai perdu ma force et ma vie,
Et mes amis et ma gaieté,
J'ai perdu jusqu'à la fierté
Qui faisait croire à mon génie.

Il était jeune encore ; il approchait de la quarantaine, mais il avait l'âge de ses expériences et de ses artères. Il avait une maladie de cœur; et puis il buvait.

Cependant, le succès du *Caprice*, en lui apportant des satisfactions d'amour-propre, pécuniaires aussi, lui avait redonné du goût à la vie. Non, non, il n'était pas fini, il avait encore bien des idées en tête, il pouvait être encore amoureux.

M. Léon Séché, qui a connu et interrogé M^me^ Samson Toussaint, la fille de l'illustre Samson (Rebonsoir, chère) et l'amie fidèle et la confidente de M^me^ Allan-Despréaux, a pu écrire pour la première fois l'histoire exacte des rapports de l'actrice avec Alfred de Musset (1).

Le poète avait fait d'abord une cour timide et respectueuse; (dans un nouvel amour, pour commencer, il était toujours Fortunio), et M^me^ Allan-Despréaux, qui connaissait le personnage, se méfiait. A la fin, elle céda et dans une longue lettre à M^me^ Samson-Toussaint, elle explique comment elle a cédé.

« Un jour, il faut pourtant que vous sachiez les choses, le 13 mai (1849), jour à noter, je suis allée dîner chez Scribe; j'ai reçu avant la visite d'un homme mécontent, tourmenté, maussade, comme tout amoureux a le droit de l'être. Sa façon d'être

(1) Léon Séché. *Alfred de Musset. II. Les Femmes.* Société du Mercure de France, Paris, 1907.

m'a semblé assez dure; je l'ai laissé se calmer tout seul et n'ai rien témoigné. Cela a duré huit jours pendant lesquels je ne l'ai pas vu. Et je me disais : Tant mieux, je m'en occupais trop et ma conscience était troublée... »

Elle était mariée, avait épousé un camarade, Allan, un comédien qui, pendant ces débats de conscience, jouait, sans grand éclat, la comédie à Saint-Pétersbourg. Elle est sympathique, vraiment, cette comédienne et, dans cette lettre à Mme Samson-Toussaint, ne joue pas la comédie. Musset, pour s'étourdir, fait la fête, des folies ! « Depuis cinq mois qu'on était sage, ce coup avait été plus violent que jadis, et on avait manqué en mourir. » Qu'un homme bien épris, pour s'étourdir, fasse la fête, une femme est touchée : c'est une sorte d'hommage qu'on lui rend, à quoi elle est près de se rendre. Mme Allan ne se rend pas tout de suite, elle se débat encore, elle ne veut toujours pas; mais elle sent bien que les choses en sont venues au point qu'il faut dire oui ou non, et elle a toutes les raisons de dire non; mais il est si malheureux, si triste... et puis furieux : « tout à coup, cette tête folle est partie et, dans sa déraison, il était impossible de ne pas voir clairement de l'amour ». Alors, elle dit oui. « Après les premiers jours passés à se chercher et à se connaître, il est survenu un orage effroyable entre nous, dans lequel perçait beaucoup d'amour mêlé à des choses que je ne pouvais supporter. » Rentré chez lui, il a été pris d'un accès de délire. Dans son délire, il parle et sa mère qui est auprès de lui apprend tout. Mme Allan pardonne ; quelques jours après, nouvel orage, nouvel accès de jalousie et disparition complète du poète pendant quatre jours : personne ne savait ce qu'il était devenu. Mme Allan horriblement inquiète écrit trois fois dans la première journée, va chez Musset à sept heures du soir (il demeurait alors quai Voltaire), annonce qu'elle reviendra à dix heures, revient en effet et, quand sa voiture arrête devant la porte, trouve Mme de Musset qui l'attendait. Scène émouvante dans la voiture, et longue, qui a duré deux heures. La mère prend les mains de l'actrice, la remercie d'aimer son fils et lui crie : « Sauvez-le, vous seule pouvez le sauver; il était guéri de ses écarts; il s'y est replongé à cause de vous. » Sauver ce grand poète, ce serait son plus beau rôle; elle va s'y employer. On loue une petite maison à Ville-d'Avray. Jours heureux, jours délicieux. A lire, de Mme Allan à Mme Samson-Toussaint, telle lettre qui dépeint ce bonheur, nous nous réjouissons. Enfin, pensons-nous, il est fixé : *invenit portum*. Pourquoi cela ne durerait-il pas? Le mari n'est pas gênant, toujours à Saint-Pétersbourg. Cette femme est charmante, bonne fille, belle fille et puisque désormais il veut travailler pour le théâtre, avec cette actrice qui a du talent, il est dans l'atmosphère. Il la trompera de temps en temps, pour quelque comédienne plus jeune; mais qu'est-ce que cela fait? Nous en prenons notre parti. Quand il écrivait à sa marraine, à propos de la princesse Belgiojoso : « il aurait très certainement pu y avoir entre cette personne et moi un lien, une affection qui, avec un peu d'habitude et de vieillesse, aurait pu devenir une chose très gentille, sans même coucher tout à fait ensemble, mais seulement sous le même toit », nous ne le jugions pas raisonnable. Non, non, cette chose très gentille n'était pas possible avec une princesse Belgiojoso. Une Mme Allan-Despréaux, au contraire, semble faite pour ce lien. Hélas ! cette liaison dura un an à peine. Mais aussi, quel amant ! Instable comme l'eau, le sable, la flamme et le vent. Il n'a pas changé depuis George Sand : c'est toujours Octave de T... de la *Confession* et voici qu'en octobre 1849, Mme Allan écrit à Mme Samson-Toussaint cette lettre qu'il faut citer tout entière; c'est un document admirable.

« Déjà deux fois, j'ai voulu briser ce lien qui, par instants, n'est plus possible. Ce sont des désespoirs auxquels je ne sais pas résister, des attaques de nerfs qui amènent des transports au cerveau, des

hallucinations et des délires. Puis ce sont des repentirs tout aussi exaltés... Quelle tête à l'envers, ma chère amie ! L'amour le grise aussi bien qu'autre chose. Par moments, l'ivresse en est sublime, mais que d'autres instants où elle n'est presque pas tenable ! C'est un labeur que de se laisser aimer par lui... Son passé désordonné laisse des traces indélébiles. Avec un caractère ombrageux, la méfiance et le soupçon ne se présentent qu'au milieu d'un cortège de ressouvenirs très amers à entendre et qui, à tout prendre, sont ceux d'un ex-libertin... Je n'ai jamais vu de contraste plus frappant que les deux êtres enfermés dans ce seul individu. L'un, bon, doux, tendre, enthousiaste, plein d'esprit, de bon sens, naïf (chose étonnante), naïf comme un enfant, bonhomme, sans prétention, modeste, exalté, sensible, pleurant d'un rien venu du cœur, artiste exquis en tous genres, sentant et exprimant tout ce qui est beau dans le plus beau langage, musique, peinture, littérature, théâtre.

« Retournez la page et prenez le contrepied, vous avez affaire à un homme possédé d'une sorte de démon, faible, violent, orgueilleux, despotique, fou, dur, petit, méfiant jusqu'à l'insulte, aveuglément entêté, personnel et égoïste, autant que possible, blasphémant tout, et s'exaltant autant dans le mal que dans le bien. Lorsqu'il a enfourché ce cheval du diable, il faut qu'il aille jusqu'à ce qu'il se rompe le cou. L'excès, voilà sa nature, soit en beau, soit en laid. Dans ce dernier cas, cela ne se termine jamais que par une maladie qui a le privilège de le rendre à la raison, et de lui faire sentir ses torts. Je ne sais comment il a pu y résister jusqu'ici et comment il n'est pas mort cent mille fois. »

Comme on le voit, M^me^ Allan savait voir ; cette lettre, on dirait de l'observation d'un fin psychiatre, mais qui écrirait comme tout le monde, sur un beau cas « d'association par contraste et d'infantilisme psychologique », la mobilité étant la marque distinctive du caractère des enfants.

Bientôt Alfred de Musset ne produisait plus; le poète et l'auteur dramatique étaient finis. Alors, au mois de février 1852, l'Académie Française le reçut dans son sein et, peu de temps après, Louise Colet eut pour lui les mêmes bontés, dans un sens moins figuré. C'était une femme de quarante ans, une beauté brune, comme Musset les aimait; elle écrivait en prose et en vers. Elle avait été la maîtresse de Victor Cousin et, dans le temps qu'elle connut Musset, elle avait pour amant Gustave Flaubert qui lui a adressé de fort belles lettres où il mêle des élans d'amour, des jugements littéraires et de continuelles plaintes sur la difficulté qu'il éprouve lui-même à écrire : *Madame Bovary* lui fait suer sang et eau; il est de la plus grande sévérité pour Dante et Lamartine, mais trouve les vers de Louise Colet admirables : l'amour faisait un peu dévier son sens critique, un amour nullement platonique : « Tu donnerais de l'amour à un mort, comment voudrais-tu que je ne t'aime pas. » Elle avait un tempérament excessif; elle n'aimait pas « les exclamations mystiques de M$^{me}$ de Krudener, quand elle s'écrie dans le ravissement de ses spasmes d'amour : — Mon Dieu, pardonnez-moi d'être heureuse à ce point » ; — elle trouvait plus vrai le cri d'amour des dames romaines qui, à pareils moments, disaient en grec : Σωη καί ψύχη Quelquefois, elle allait à la rencontre de Flaubert, à mi-chemin entre Croisset et Paris, descendait dans une auberge, à Mantes, et Flaubert écrivait à son ami Louis Bouilhet que, la nuit, elle faisait de tels cris que les voyageurs étaient réveillés. Les exigences de Louise Colet durent rendre à la longue Musset respectueux. Leur liaison ne dura que six mois. Après la mort du poète, elle écrivit son roman sur elle et lui, qu'elle a intitulé *Lui*. George Sand, romancière des années printanières, avait écrit *Elle et Lui*. Louise Colet fut la romancière des années automnales. Rendons-lui cette justice : elle n'a pas dépeint son ami sous de vilaines couleurs, mais sous des teintes d'automne, rouillées et mélancoliques. Pourtant, elle s'est complue à témoigner qu'il buvait. Que Musset eût cette passion, on en a d'autres témoignages, terrible passion qui fit mourir si jeune, le poète d'abord, puis l'homme; qui excitait son génie en l'épuisant et qui explique certaines particularités de ce génie, par exemple ces sortes d'hallucinations, ces visions de sa propre image, ces dédoublements de la personnalité que l'on constate plus d'une fois dans son œuvre. Et puis, savons-nous quelle consolation et quel oubli, quels rêves ou quel anéantissement, dans les dernières années surtout, il demandait à cette passion?

Ces dernières années furent bien tristes; il était souvent malade et quand il se trouvait seul, dans son petit appartement de la rue du Mont-Thabor, en tête à tête avec sa gouvernante, Mlle Colin, personne fort dévouée d'ailleurs, quand il songeait, quand il se souvenait, quand sa mémoire les évoquait toutes, George Sand, Aimée d'Alton, Pauline Garcia, Rachel, Christine Belgiojoso, Louise Allan-Despréaux, Louise Colet et tant d'autres, tant d'autres, courtisanes, grisettes, jeunes filles, bourgeoises, grandes dames dont nous ignorons les noms, celle à qui sa mémoire restait le plus douloureusement fidèle, c'était sans doute la femme par qui elle avait connu toutes les émotions, orgueilleuses de la conquête, ardentes de la passion, tendres de la camaraderie, supérieures de l'intelligence, humiliantes de la trahison, torturantes de la jalousie et tragiques de la rupture ; la femme à l'œil noir qui lui avait inspiré les *Nuits*, le *Souvenir*, ses plus beaux vers; George Sand, Lélia, l'Hélène de la Troie romantique, la troisième Héloïse et qui maintenant s'acheminait, dans une gloire, vers sa dernière appellation : la bonne dame de Nohant.

Il était seul, pauvre et malade. Peu de temps avant de mourir, il écrivait ces vers :

L'heure de ma mort, depuis dix-huit mois,
De tous les côtés sonne à mes oreilles.
Depuis dix-huit mois d'ennuis et de veilles
Partout je la sens, partout je la vois.
Plus je me débats contre ma misère
Plus s'éveille en moi l'instinct du malheur;
Et, dès que je veux faire un pas sur terre,
Je sens tout à coup s'arrêter mon cœur.
Ma force à lutter s'use et se prodigue,
Jusqu'à mon repos, tout est un combat,
Et, comme un coursier, brisé de fatigue,
Mon courage éteint chancelle et s'abat..

Ces vers de dix pieds, haletants, saccadés, on croirait entendre les battements d'un cœur, d'un cœur fatigué qui va s'arrêter.

Il mourut le 2 mai 1857, à une heure du matin. Une vingtaine de personnes seulement allèrent jusqu'au cimetière du Père-Lachaise où sa tombe, sur laquelle pleure un saule, devrait être un lieu de pèlerinage pour tous les amants.

Et, dans la vie amoureuse d'Alfred de Musset, elles sont donc bien peu nombreuses celles dont on connaît les noms. Mais qu'importe ! dans cette vie amoureuse, comptons aussi les femmes qui sont sorties de son imagination, qu'il a parées de son esprit, de ses rêves, de sa poésie, de toutes les grâces de son génie. Celles-là ne lui furent pas le moins chères. Il a aimé des grisettes qui demeurent anonymes ; mais *ses* grisettes, ce sont Bernerette, Mimi Pinson, Rougette et cette charmante fille que, dans la *Confession,* il appelle Cendrillon ; il a aimé des jeunes filles; mais *ses* jeunes filles, ce sont Lucie, Georgina Smolen, Deidamia, Ninette, Ninon, Cécile de Mantes, Carmosine et cette inquiétante Camille d'*On ne badine pas;* il a aimé des femmes mariées, des femmes du monde; mais *ses* femmes mariées, ce sont Portia, Lucrèce del Sarte, Marianne, Jacqueline, et Barberine. Poèmes d'amour, théâtre d'amour qui ont fait palpiter le cœur de tant de femmes. Une jeune femme me disait un jour : « Alfred de Musset ! je ne suis pas bien sûre qu'il n'ait pas été mon amant. » Celle-là encore, comptons-la dans la Vie amoureuse du poète.

FIN

E. GREVIN — IMPRIMERIE DE LAGNY — 12-1925

www.ingramcontent.com/pod-product-compliance
Ingram Content Group UK Ltd.
Pitfield, Milton Keynes, MK11 3LW, UK
UKHW021058270726
13994UKWH00009B/273